U0103820

中国历史文化小丛书

冯尔康 主编

古代民间文书与契约精神

周正庆 著

中国工人出版社

用贴近大众生活的故事与读者交流

"中国历史文化小丛书"总序

  民众是历史的参与者，是形成历史的一股重要力量。中国是历史学发达的国度，但是在古代民众对历史却没有知情权，历史知识只是从演义、戏曲、口耳相传中获得些许，而且是真假参半的。到了20世纪，史学家才致力于大众历史读物的写作，最引人瞩目的是吴晗倡导的"中国历史小丛书"问世，形成风气，学者、出版家努力将历史故事及其内含的中华文化，以各种丛书的名义，简明扼要地呈现给大众读者。就以笔者而言，应多家出版社之约，写作多种小册子，被收入中华书局"中国历史小丛书"，中国青年出版社"中华文化集萃丛书"，中国人民大学出版社"清史知识丛书"，天津教育出版社"名家文化讲堂"，商务印书馆国际有限公司"中国古代生活丛书"，新蕾出版社"百家姓书系"，广东人民出版社、华夏出版社"历史爱好者丛书"，社会科学文献出版社"中国史话"。我之写历史通俗读物，乐此不疲，就是为把历史知识交给历史的主人——民众。如今中国工人出版社邀我主编"中国历史文化小丛书"，深感荣幸，喜悦接受。

读者见到本丛书名称"中国历史文化"，就会想到"中国历史文化博大精深"，这是国人的共识。博大，是指文化包含社会制度、生活各个方面和思想各种领域。精深，是指认识人类社会透彻，规范做人道德和社会伦理，有益于社会稳步前进，并成为世界多元文化的一个重要组成部分。和读者见面的"中国历史文化小丛书"与"中国历史文化博大精深"有什么关系，何需开篇费此笔墨？这是因为丛书的内容涵盖中国历史文化的多个领域，主要是记叙历史上人们的生存、生活状态及其变化，以此为中心，涉猎生态环境下人们的经济、社会、文化、思想意识、疾病与医疗生活，诸如农业、手工业的生产和商品交易活动；社区组织、宗族、行会等社会群体活动；家庭生活与族亲姻亲友朋往来；文学艺术的创作及大众的娱乐；合法宗教的信仰及民间秘密结社；"半边天"女性生活及其社会角色演化；人们的生存、生活是在大自然条件下进行的，人与生态环境、同人类共存的危害人们健康乃至生命的病菌、疾病医疗，是生活史内容的应有成分；此外，人们与邻国、远洋地区贸易与文化交流，等等。

读者从上述"小丛书"书写内涵就可以明了本丛书的特点了，就此，作为设计者之一的笔者就来说说个人认知吧：

第一，以小见大、大小结合，具有丰富的文化内涵。历史叙述法有所谓宏观史与微观史的区别，本丛书组合的各篇多采取宏观叙事与微观叙事结合的方法，是两种叙事的汇合。

第二，丛书的作者力图把先人生活用具体生动的故事描述出来，令人如同进入他们的生活境域，触摸先人脉搏，获知他们所思所想、欲望、欢乐、懊恼，得知先人的成功和缺憾，汲取生活经验，变成智慧，有益于今日生活。

第三，喜闻乐见的表达方式。文化普及读物，篇幅不宜过大，本丛书每部在十万字左右，作者既要呈现学术研究心得，更要用喜闻乐见的内容、文字与读者交流，争取行文流畅，文采斑斓，并配有多幅插图，期冀雅俗共赏，读者能够津津有味地阅览。

中国工人出版社编辑傅娉、宋杨热心大众文化传播，借此谨表示对她们的敬意，并愿用我们的精诚合作把本丛书出好！

冯尔康

2024 年 5 月 14 日于旅次

目　录

绪论 民间微言与精神大义

　　题目所说微言，既非哲人之语，也非神权微言，而是民间的碎句。在古代，这种民间微言被记载入家族资料加以保存，便成为民间文书。民间文书的核心是契约，人们围绕着契约构建起的一套经济交往行为规则，不仅在经济领域里形成了"经济契约秩序"，而且对治理乡村社会小偷小摸式的偷盗行为、民众的日常生活，甚至于婚姻的忠诚、为人之诚信等道德层面产生影响，从而成为古代乡村社会人们奉行的"契约秩序"的准则，而被奉为古代社会人们思维、行为方式之渊薮。本书试图从百姓的微言出发，从经济社会史的角度进入，观察乡村社会民间生活细微，力图勾勒出民间微言成为民族大义的演变路径。

家史与显学

正如傅衣凌先生所说，民间文书是"民间记录"[1]，私家的历史。古代士大夫对于这种山野之载，并不重视，只是偶尔散见于正史或官方文献中。中国民间文书受到关注，是因为在 20 世纪 20 年代，学界对于居延汉简、敦煌文书的重视与整理，这些上古、中古文献最吸引学者关注的，自然是历史典籍、佛教经卷、户籍、手实、户状等官府簿册文书，少量留于其中的世俗文书，也吸引了学者的目光，被附带提及。但对于世俗文书，中国学界并不以之为学。与此相反，日本学者对于来自民间的文字记载却十分热衷，他们在我国台湾，对中国旧惯进行了细致的调查，收集了大量的契约、合同、票据、执照、商业账簿、分家书、婚书等与百姓生活息息相关的原始文书，这些旧惯调查所得，与中国清代中期以后大量留存下来的民间文书高度重合，日本学界的研究方法因此影响着中国的学术界。无论是傅衣凌先生的成名之作《福建佃农经济史丛考》（福州，1944），还是梁方仲先生围绕明代田赋制度展开的一系列研

1　陈支平：《史学水龙头集》，福建人民出版社 2016 年版，第 461 页。

究，史学前贤的研究内容与方法，我们都可以见到20世纪30年代他们曾在日本接受学术训练的痕迹，通过这些著作，我们可以看到先贤们以现代社会科学视角研究民间文书所做的贡献，由此发轫，利用民间文书进行经济社会史研究，成为后学榜样。

进入20世纪80年代，民间文书的研究得到重视，并取得丰硕的成果，1983年，叶显恩先生将其在20世纪六七十年代利用徽州文书对明清徽州佃仆制的研究成果，结集出版了《明清徽州农村社会与佃仆制》（合肥，1983），他大量采用徽州民间契约文书对徽州的佃仆制进行了深入而全面的探讨和研究，此书不仅是徽学研究的奠基杰作，更形成了徽学研究以民间文书为基本史料的研究方法。杨国桢先生的《明清土地契约文书研究》对土地产权的研究有着重要的突破，在几乎所有傅衣凌讨论过的问题上，均有更多的资料补充与细节发现。由于傅先生利用民间文书研究的示范作用，又由于杨先生的积极提倡，这些由私家之史汇聚而成的民间文献，"已成为重新探研中国历史的主要史料之一"[1]，利用民间文书进行社会史、经济史研究的成果层出不穷，时至今日，已成显学。

1　杨国桢:《明清土地契约文书研究》, 北京师范大学出版社2021年版, 第1页。

不可否认，前贤的著作，对于土地制度的研究起到了重要的作用，对于产权的研究也有许多颠覆性贡献，然而，这只是契约文书抽离后，于经济领域，地权制度角度的审视，契约作为研究一隅之功，似乎贡献已尽，沿着杨国桢先生倡导的"契约学"之路前进之时，又似乎底气不足，所以学术界出现了"契约"文书的研究存在"一件抵一万件"的说法，质疑其同质化，单纯以契约文书对经济社会进行研究，在 2000 年前，似乎出现了停滞不前的局面。尽管徽州文书有 30 万件以上的存量，各地的契约文书仍有零星的发现，但此阶段契约"发现"的碎片化，仍是文书体系破坏后的呈现，学人所做的研究，仍然没有看到契约背后的众生图景。

20 世纪八九十年代，史学界集中反思"五朵金花"研究的枯燥与无味，中国社会史由此发轫，有血有肉的史学研究导向得到了越来越多学者的响应。此阶段，民间文书在新崛起的社会史研究领域中，逐渐被重视，但是，由于民间文书的匮缺，大量丰富的民间一手资料没有得到利用，学者们只好在正史、方志、档案等官方文献中淘取与民间生活相关的资料，社会史研究资料的取得仍然不够丰富。基于此，冯尔康先生发出了将资料收集的视角扫向民间的倡议，呼吁学界"要开展与加强谱牒学的研究"[1]。

2000 年以来，民间文书也得到了井喷式的"新发现"，这些发现，或是在原来被支解的文书体系的基础上，新发现了原生态存在的文书，使被支解的文书在局部得到新的发现与补充，文书系统性地得到挖掘，比如刘伯山、王振忠之于徽州文书，张应强之于清水江文书；或是文书的原生态得到"新发现"，比如郑振满之于永泰文书，曹树基之于石仓文书，笔者之于闽东文书等，这些原生态文书的新发现，摆脱了原来市场购得的收集态势，再现了文书留存的实态，也摆脱了以碎片化契约进行研究产生的困境，契约从此可以在民间文书体系中得以体现，经济史、社会史的研究在民间文书领域得以获取更多的史料，契约学的研究也获得推进与拓展，有了前行的动力。利用民间文书研究经济史的领域得以扩大、深入与细化，更重要的是利用民间文书对区域社会史进行建构，成为可能，本书的写作，正是基于新史料"发现"背景下学术研究的一种尝试，希望可以透过近年"新发现"的民间碎语看到国史的大义。

1　冯尔康：《家谱的学术价值及其研究的现实意义》，社会科学辑刊 1989 年第 62 期。

民间细故与契约秩序

　　与生活相关的文字几乎伴随着中国最早文字甲骨文的出现而为后世所知，随后，古人的日常生活账册、雇工、土地的转让与买卖内容，见于居延汉简、敦煌文书之中，但是这些上古的文书并不以民间生活为主，而是偏重于政令等，反映的是上层社会的生活与情趣。真正以民间生活为导向的文书起始于宋代，此时，土地开始私有，民间经济趋向活跃，与民间生活相关的文字日渐增多，但是由于民间文书属于社会的日常，所以存世不多。雍正元年（1723年），政府实行"摊丁入亩"制度，土地成为人们最重要的生产资料，证明土地财产的契约，成为人们证明产权最重要的证据，清代政府以契约为重要证据，对土地产权加以认证，强化了人们对于私有财产的意识，推动了民间对契约以及与契约相关文书的保存，这些积聚起来的私家生活文书与产权文书相互叠加，成为家族珍藏的民间文书，最终成为以契约为中心，反映民间细微故事的私家文书。

　　本书从闽东最常见的原生态留存体系"契盒"入手，对中国古代民间文书体系进行解构。认为民间文书看似零碎与杂乱，但文书之间脉络相通，存在着有机联系，正如郑振满先生所说，"是从老百姓日常生活逻辑来的"[1]，其逻辑关系我们可以用"产权与颜面"几个字对其内容进行概括。所谓产权文书，即以契约为主，可以证明产权归属的文书，大致由土地买卖与租赁契约文书群构成，文书群中的文书相辅相成，共同构成产权所有证据链。比如，白契是产权的见证，但毕竟是私契，为了证明买主的产权，契约的签订与确权除了众人参与见证外，业主方通常将官方发出的民田推收单、交纳粮易知单、纳户执照等赋役文书，民间私立的收钱（粮）字、推收条等与赋役及经济往来相关的手条相应收存，从而形成与白契产权相关的文书群。

契约由民间私法，演变为乡村社会经济行为准则，并不只是当事者双方的契约与意合，契约只是界定签约两造的权、责、利，并不具有实操空间，契约条款如何落实，需要补充说明，由此产生各种各样补充契约说明的私人契据，包括合同（含合同约、合同字据）、凭票、订口、协议等。这些契据，处于皇权管控下，宗族自治空间缝隙中，其法律效应虽然很有限，但仍可对社会经济行为造成很大的影响，犹如黏合剂一样对公法与私契的缝隙进行了有效

1　民间历史文献资讯网，郑振满教授专访，2024年4月8日。

的填充。

以契约为核心的民间文书不仅对于地权与物权交易产生重要的影响，也影响到古代社会民众日常生活的方方面面，以婚姻为例，在正式婚姻中，聘礼就是婚礼过程中，男女双方最明显的契约，是男女双方财物承诺的合同。契约与相关的合同、约、契据等产权文书群一起，影响着社会，人们以契约精神行事，构建起了民间经济行为契约秩序。

本书所说之"颜面"文书，指古代民间的生活文书，包括家庭日常开支流水账本、科仪书、吉课书等，当然也包括反映先祖荣耀、政府颁予的各种奖励性文书。礼簿、账册、手条等记载了民间的生活琐碎，是古代人们礼尚往来，与身份相当的"称家"见证，是一种有面子的记录。

民间文书中记载大量与民相关的细碎故事，体现了乡村社会充满人情世故，国与家、家与个人之间的纵横交错的社会情怀，表现出了"天下之本在国，国之本在家，家之本在身"[1]的关联。所以，民间文书体现了家国同构，家史与国史之间的联系。

本书所说的契约文书，并非仅指经济领域中产权、物权与债权转移中形成约定的文字记录，而是以泛义的观点

1　孟子著，王立民译评：《孟子》，吉林文史出版社 2001 年版，第 89 页。

进行界定，将具有契约内容的协议、合同，以及各种合约，乃至具有处罚性质的认非书、赔赃书，以及婚姻领域中的婚书约、婚契等签约双方契合与信约产生的文书，纳入泛义上的契约范畴加以理解。基于如此认识，我们又发现，契约文书催生了经济协议与社会治安文书，婚书与继产文约，人们借用契约的形式对社会与人际关系进行约束，从而影响到社会秩序的构建。

所谓社会秩序，包括政治秩序、经济秩序与社会治安秩序，这些秩序的安定，在乡村社会，归根到底以民间的田土、钱债经济问题的妥善处理为前提。乡村社会中的户婚与人情往来等看似枝节，但更能反映当地的社会与经济以及人情生活实态，从而为我们观察古代社会的发展与演变提供条件。民间文书看似是家族文书，但深层次地显现了官与民在赋役制度互动中留下的历史痕迹，民众之间生活往来的日常，归根到底是建立在诚信基础上的"契约秩序"，如果以泛契约的概念对契约文书进行理解，那么，由契约文书引致的影响更可以推及精神层面。

民间微言与精神大义

民间文书，通常被视作乡野山民之碎语，但如果一个地域，一个国家都对这种碎语有共同的理解与使用方式，是否可以视作民族的一种共同的意向？一种精神的体现？民间文书与契约是整体与局部的关系，契约是民间文书的核心，只是由于过往没有将契约置于文书的碎语中进行解读，碎语也未能与契约呼应进行互证，因而忽视了民间文书中家与国之间的联系，随着近年大量民间文书的"新发现"，以往被视作同质化的契约文书，因其归户性的清晰，得以在历史现场中重现，过往在学者眼中枯燥与同质化的契约，得以在民间碎句中得到丰满，由此，一幅围绕契约文书展示社会史的画面得以重现，探索芸芸众生背后的精神也成为可能。鉴于此，本书以契约普遍留存的清代中期为时间界线，追溯此前中国古代契约的发展与契约精神的形成，探索此后契约形态的流转与精神内涵的变迁，力图展示乡村社会契约精神的多种面相。

不可否认，契约精神随着契约的变化而发展，从民间文书的角度去看中国古代契约精神，追本溯源，我们又发现，中国古代契约精神，不仅受到契约自身发展影响，上升到精神层面，也受到时代发展的洗涤。

宋代之前，契约精神延续了古代朴素的"锲"与"约"思维，人们将"约"镌刻于金属或简牍上，民间的经济往来，人们依"约"行事，以"一诺千金"为榜样，依据诚信的原则，对交往之人的人品进行判断，选择深交对象，决定合作伙伴，相应的处罚表现出来的也只是基于道德的谴责。虽然在宋代以降至清代中期，契约原则日渐深入人心，契约内容也有所变化，但仍然没有普及性地影响到乡村社会，起码在这个时期，我们没有大量发现民间契约文书。就 2000 年以来"新发现"的大量民间文书所见，以清中期之后居多，从南至北无不如此，由此我们可以判断，契约对于乡村社会的影响，应为清中期以后至近代受外来文化的影响，契约糅入了近代契约与合意的概念，以"合同"命名的契约逐渐增多，但相对海量的契约文书，仍是少数，近代合同精神对于中国契约精神的影响甚微。

承上所言，清中期以后，中国乡村社会受到契约原则的影响，形成了契约社会秩序，但毕竟中国古代契约与近代西方契约形成一样，在体现自由、平等与合意行为的基础上，仍然存在着极大的不公，所以对于古代社会契约对社会的影响作用不能无限夸大。中国古代契约精神与西方强调的人身自由下的现代契约精神不同。古人契约精神在契约普及之前，依人品判断人的诚信，清中期以后，人们视承诺为严肃，奉行"口说无凭，立字为证"，以个人信用和财产作为信誉保证，接受社会监督，建立行事的契约原则。然而民间契约是脆弱的，因为个人身份受到多重因素影响，没有完全的人身自由，不同程度地被土地束缚。所以，古代乡村社会建立的民间契约秩序，同样具有严重的脆弱性，一旦进入公法阶段，往往只能是不了了之，民间私契在实施过程中处处受到公法与宗族的掣肘，是不完整的民间协定，这一点不仅在中国古代社会如此，在17世纪末西方推行的近代契约精神也同样受到"公意"的影响。

中国古代社会是熟人社会，契约的执行掺进了人情与礼节，比如，中国古代契约的签订，通常披着亲亲之交外衣，现代人类学理论的重要奠基者、法国人类学家马塞尔·莫斯曾说，"交换与契约总是以礼物的形式达成，表面上这是自愿的，但实质上，送礼和回礼都是义务性的"。[1]古代中国社会人情往来也是如此。所以民间文书中除了产权的刚性确权原则之外，中国的契约精神，更多地表现出温和与礼让，并以民间文书的形式隐晦地表达，这或许反映了儒家文化影响下，民间文书背后民众思维的集体呈现方式。

---

[1] ［法］马塞尔·莫斯 著 汲喆 译：《礼物》，上海人民出版社2002年版，第3页。

第一章　民间文书发展与留存

引　子

　　2014年夏天，笔者来到福建省宁德市周宁县。下午三点多钟，从繁华喧嚣的广州到达周宁。周宁不通高铁，只能从福安市湾坞镇换乘20人座的简易中巴前往。车由湾坞镇蜿蜒进入周宁县，海拔逐渐抬升，近处的天空与远方的山色交融，使人感觉到空灵而广袤，时光仿佛在此停滞。白云朵朵，洁净而灵动，时而萦绕车边，时而掠过身旁，白云与蓝天相互映衬，显得分外空旷。伴随着山风阵阵，隐约听到远处群山低吼。车在山上走，溪在两岸流，青山叠嶂，过完一山又见另一山，仿佛没有尽头。车行云中，低头俯视，烟雾缭绕，群山与村落时隐时现，在青山绿水间似有似无，真有"浮云不共此山齐，山霭苍苍望转迷"的意境。车过之处，云雾之中，隐约中见到点缀在千嶂间的各式各样的佛寺与宗庙，灰顶红墙，或位于山顶，或居于半山，注视着人间百态。

周宁县地处鹫峰山脉东麓，境内平均海拔 800 米，有"云端周宁"之称，正是史家所谓山高皇帝远的地方。笔者很好奇，在这山高皇帝远的地方，古代的皇帝如何统治这些偏衷之处？政不下县的地方又依靠何种方式进行运作？人与人之间社会与经济秩序靠什么维系？带着这些疑问，到了周宁，陪同笔者的是学生叶钊的家长叶孙锋，叶孙锋时任周宁县税务局大厅办公室主任，他告诉笔者，当地人很敬重文化人，笔者作为文化人到周宁自然受到欢迎。在周宁县，随便走进任何一个村落，问起民间文书的情况，村民们会眉飞色舞地讲述关于"老契"的故事，甚至从阁楼上捧出一个小木箱，告诉笔者这就是"契盒"（图 1–1），装载着他们家族的宝贝，里面珍藏的就是笔者要寻找的民间文书，是他们祖上引以为荣的家族文书。在村民的指点中，笔者看到了他们眉宇间的得意与对祖先的敬畏。

"契盒"中的文书大部分为契约文书，村民自豪地告诉笔者，这是他们祖上的地契，并且指向山的那边说，他们祖先的土地在什么地方，从什么地方搬迁过来。问起为什么将契约与其他民间文书存放在一起，他们一脸的发蒙，但他们可以讲一出又一出的故事，甚至可以自豪地描述这些契约文书在近期的拆迁过程中发挥怎样的作用。在周宁期间，陪同笔者进行学术考察的除了叶孙锋、周宁县博物馆馆长郑勇外，还有当地朋友彭树清，他告诉笔者政府在建设水库时征用了他们祖上的山场，靠着一张山场老契，他们家获得了数量可观的赔偿款，成为日后致富的启动资金。关于民间文书的种种传说，说明民间文书在民间司空见惯。那么，民间文书的内涵是什么，与契约存在着怎样的关系，人们的行为与民间文书之间存在着何种关联？这

图 1-1　周宁县博物馆馆长郑勇收藏的契盒

些文书对古人的日常生活产生怎样的影响？由"契盒"引发的这些疑问，正是本书所要展开讨论的问题。

民间文书发展与研究

一、民间文书的发展

民间文书留存历史悠久，我们很难追溯其源头，但甲骨文中存在着与民间生活相关的诸多内容，此后，中国古代文献的多次大发现都与民间文书有关。著名历史学家、南开大学教授冯尔康先生将中国古代文献的前五次大发现总结为：

> 20世纪前期有学术界艳称的甲骨文、内阁大库档案、敦煌文书和居延汉简"四大发现"，此后徽州文书为学术界认知，是为第五大发现[1]。

这些文献所载内容都与古人的日常生活、民间经济往来相关。作为中国最早的文字甲骨文，其中记载了大量与民间生活相关的字形与字义。例如甲骨文中的"鼎"字，

1　周正庆、郑勇主编：《闽东家族文书》第二辑《周宁卷》"推介词"，广西师范大学出版社2021年版，第2页。

其字形为 ，是"和五味之宝器"[1]。其字形像上古人们生活中使用的炊具。按许慎说法，"鼎"是"象析木以炊"，与人们烧火煮饭有关[2]。从甲骨文的文字中，我们看到与民间生活与生产息息相关的信息。孔子曰"与朋友交，言而有信"，人们重视诚信，奉为立国之本，所谓"一言九鼎"是也。西周时期，人们将承诺镌刻于鼎上，鼎成了诚信的象征，与权杖一起成为国家两大仪器。在鼎上铸誓，成了有文字记载的中国早期的诚信证据。鼎不仅是立国重器，也教习做人之道。这些镌刻在铜器上的文字，除了与诚信相关的内容，还涉及私人生活，大约是文书的早期发展形态。

"文书"一词，最早见诸文献为《史记·李斯列传》，内中载有"明法度，定律令，皆以始皇起。同文书。治离宫别馆，周遍天下"[3]之语。书中所指之"文书"，其含义为文字的意思，"同文书"即是一统文字之意，与后世所指的公、私文书无关。

---

1 （汉）许慎：《说文解字》卷7上《鼎部》，天津古籍出版社1991年版，第143页。
2 （汉）许慎撰、段玉裁注：《说文解字注》，中州古籍出版社2006年版，第319页。
3 （汉）司马迁：《史记》卷87《李斯列传》，中华书局1959年版，第2546页。

中国古代文献五大发现之一的敦煌文书，有五百件以上，虽也称为文书，但更多属于"官文书"，包括有符牒、状帖、榜文、判词、籍账等；还有与户部、刑部、兵部相关的文书片段。籍账方面，包括计账、户籍、差科簿等。除"官文书"之外，寺院文书也是敦煌文书中重要的文书种类。如僧官告身、度牒、戒牒、僧尼籍、转经历、追福疏、诸色入破历、器物名籍以及各种契约等[1]。

此外，敦煌文书也存在着种类众多的私家文书，主要有分家书、土地租典地契、民间经济往来的借贷契、雇工契等。也有与古人生活相关的日常账册、休妻书等，其中一则《放妻书》（图1-2）被学界广泛引用，当中有言：

> 某专甲谨立放妻手书：
>
> 盖说夫妇之缘，思深义重，论谈共被之因，结誓幽远，凡为夫妇之因，前世三年结缘，始配今生夫妇。若结缘不合，比是怨家，故来相对，妻则一言十口，夫则反目生嫌，似猫鼠相憎，如狼狄一处。既以二心不同，难归一意。快会及诸亲，各还本道。愿妻娘子相离之后，重梳蝉鬓，美扫娥眉，巧逞窈窕之姿，选娉（聘）高官之主。解怨释结，更莫相憎。一别两宽，

1　李并成主编：《敦煌学教程》，商务印书馆2007年版，第69页。

各生欢喜。于时 年 月 日，谨立手书[1]。

《放妻书》从一个侧面反映了唐宋时代，民间文献已被民间广泛收藏的事实。

宋代以前，民间文书内容多涉及公文，如案牍、公函等，民间经济往来常以口头承诺为主，票据与契约使用不普遍，民间文书较少出现。宋代，人们的身份管理由身份化向契约管理转化，"官有政法，民有私契"，"私契"在民间大量流行。随着土地私有化，民间文书用于经济领域日益频繁，由以口头契约为主转至立契为证的时代。宋代，国家允许民间买卖土地，土地交易双方必须草拟契约，前往官府进行过户交割，办理契税，是为官契。而另一方面，民间私自进行土地交易，包括买卖与典租等形式。这些民间私自交易的土地，为了确权又产生了一系列协议，民间文书范围进一步扩大。

明清时代，随着经济来往比前代更加频繁，私人借贷往来形成的带有承诺的各种形式的契约与经济手条剧增，比如土地买卖契约、民间凭票、借贷字据等。这些围绕着经济往来产生的文书，都是民间文书的范畴，除此之外，

---

1 沙知：《敦煌契约文书辑校》S.0343 号背《放妻书样文》，江苏古籍出版社 1998 年版，第 475 页。

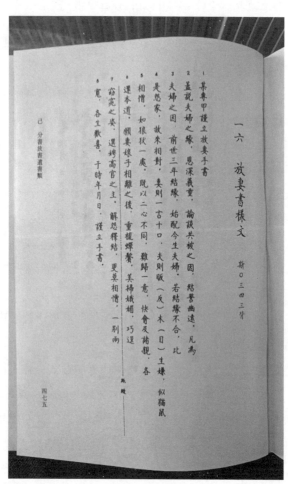

一六 放妻書樣文　斯〇三四三背

己
分書放妻遺書類

1　某專甲謹立放妻手書

2　蓋說夫婦之緣，恩深義重，論談共被之因，結誓幽遠，凡為

3　夫婦之因，前世三年結緣，始配今生夫婦。若結緣不合，比

4　是怨家，故來相對。妻則一吉十口，夫則（反）木（日）生嫌，似貓鼠

5　相憎。如狼狀一處。既以二心不同，難歸一意，快會及諸親，各

6　還本道。願妻娘子相離之後，重梳蟬鬢，美掃娥眉，巧逞

7　窈窕之姿，選娉高官之主，解怨釋結，更莫相憎，一別兩

8　寬，各生歡喜。于時年月日，謹立手書。

四七五

图 1-2　敦煌文书 S.0343 号背《放妻书样文》

民间往往也收藏了与家族相关的家庭日常往来的散件，如生活账本、婚书，以及占卜产生的各种各样的吉课书，甚至是民间的科仪书等，也可视作泛义上的民间文书。

民间文书涉及社会的方方面面，很难清晰地确定其起源边际，所以，本文讨论古代民间文书中的时间分段，并不是历史分期上的古代，而是泛指传统时期的民间文书，最多延长到1949年。契约是证明民间私产的重要证据，现存的契约文书大量集中在清中期至民国年间，所以，本文所论的契约精神也以这段时间为主。又由于中国幅员广阔，清中期以后民间文书的书写存在着同质化，其功能也大同小异，但并不说明契约的发展停滞不前，而是以另一种方式，演变成无形的精神力量，影响着人们的思维，甚至更广泛地继续影响着社会经济与人们日常生活的方方面面，与产权相关的经济往来的凭证，内容与形式都参照契约进行拟就，甚至在民间陋习比如送卖妻儿、典租活妻等领域均看到契约的踪迹。所以本文的举例并不面面俱到，希望以闽东新发现的文书为主，兼顾其他地区文书，以点带面反映中国古代民间文书的特殊与整体概貌，据此探析中国古代契约精神的特征。

二、民间文书研究现状

民间历史文献古已有之，只是传统时代的士大夫并不以之为学。民间文书的发现、整理出版与研究，比对传统经史子集的研究晚得太多，大概萌生于20世纪初，在20世纪80年代以后才逐渐成为学术界和出版界的潮流。20世纪初，受到重视的居延汉简、敦煌文书，人们主要关注的是历史典籍、佛教经卷、户籍、手实、户状等官府簿册文书，老百姓日常生活中形成、使用的世俗文书虽也有少量留存，但是并未得到充分重视。最早以现代社会科学视角来收集、整理一般庶民生活中文字资料的，是日本殖民者在中国台湾所进行的临时台湾旧惯调查。在私法旧惯调查中，调查员收集了大量的契约、合同、票据、执照、商业账簿、分家书、婚书等老百姓具体的生活交往过程中形成的原始文书。在访谈这些文书基础上，他们将中国老百姓处理生活中民事关系的乡规俗例进行系统整理，以德国民法框架为基础进行调整编成《台湾私法》3卷6册，包含不动产、人事、动产、商事及债权4编，不但涵盖了庶民生活最主要的两个方面：财产关系和亲属继承关系，还包含了商业关系。收集到的文书还被选择编辑为《台湾私法附录参考书》3卷7册，作为《台湾私法》的补充说明。在此基础上，20世纪70年代中国台湾学者开展的古文书收集整理和日本学者对中国古文书整理研究，形成了尊重文书群自身内在关联的理念。

20世纪30年代至50年代，以傅衣凌、梁方仲为代表的学者先知先觉，利用存于民间的文书，在中国社会经济史研究中取得了开拓性成果。在中、日分别接受了经济学和社会学训练的傅衣凌，利用1939年在福建省永安县发现的大量明清土地租佃契约，撰写了《福建佃农经济史丛考》，开创了运用契约文书、族谱研究经济史的范例。在该书的集前题记中，傅衣凌提倡收集"民间记录"，如商店账簿、民间契约，以推进中国社会经济史的研究。梁方仲在进行田赋史研究的过程中，不满足于正史、政书以及地方志等书本上的资料，还特别强调需要注意与田赋有关的"实物证据"，如"赋役全书、粮册、黄册、鱼鳞图册、奏销册、土地执照、田契、串票，以及各种完粮的收据与凭单"，他利用这些"过去不甚为人所注意"的资料，有效勾画了社会经济实态中的典章制度。这些研究，都使契约文书的使用突破了单纯的法权关系探讨，而扩展到借此描摹社会经济实际情形的趋向。由此确定了中国学界对契约文书研究的社会经济史取向，而区别于日本的法制史取向。

进入20世纪80年代至90年代，契约文书的研究得到学者的青睐，杨国桢教授《明清土地契约文书研究》对土地产权的研究有重要的突破，在几乎所有傅衣凌讨论过的问题上，均有更多的资料补充与细节发现。最值得称道的是，他的研究是体系化的，理论色彩更为浓厚。

2000年以来，刘伯山基于徽州文书整理经验，提出民间文书归户性的理念。中山大学张应强教授团队对清水江文书，上海交通大学曹树基教授团队对石仓文书、鄱阳湖区文书的收集和整理，则采取了实地征集、保持文书内在联系的方式，文献影印本对学界开放并尽快出版，相关研究也令人耳目一新，在长途贸易、边疆族群、土地产权、农家生计、渔民经济等社会经济史重要议题上都有很多独到贡献，引领了中国大陆民间文书收集研究的新趋势。

总体而言，20世纪80年代以来，国内学者整理与出版了数量巨大的民间文书，王钰欣、周绍泉、王振忠、曹树基、郑振满等学者对于民间文书的整理均作出过杰出的贡献，中国民间文书的整理发现进入了全面而深入的阶段。

民间文书对明清以来社会经济史、法律史的推动很大。随着民间文书的新发现，利用文书进行相关研究更是取得了前所未有的成果，主要集中于这些领域：（一）土地产权。在傅衣凌、杨国桢、曹树基、龙登高等学者的努力下，传世文献记载不足的土地产权问题，在民间文书中得到了充分的阐释，无论是田底田面、租佃关系还是土地市场的要素，都整合为统一的解释模型。（二）法律诉讼。仁井田陞、滋贺秀三、寺田浩明、岸本美绪、熊远报、阿风、张小也、杜正贞等中日学者深耕诉讼文书，梳理了清晰的诉讼审判流程，重建了诉讼文书的系统和脉络。（三）赋役制度。傅衣凌、栾成显、鹤见尚弘、刘志伟、陈支平、汪庆元、胡铁球、杨国安、万明、郭润涛等学者深耕鱼鳞图册、黄册、实征册、税票等赋役文书，极大推进了学界对赋役制度在地方实施复杂面向的认识。（四）商人与商业。尤以张海鹏、王廷元、王振忠、卞利、李琳琦等学者对徽商文书的深入挖掘和探索为代表，揭示了中国商帮经营的丰富细节。（五）宗族制度。冯尔康、郑振满、赵世瑜、科大卫、丁荷生、滨岛敦俊、井上彻、刘道胜等学者对宗族文书的分类研究，推进了宗族制度的研究。（六）宗教仪式文书。劳格文、刘永华、康豹等学者对道教、民间信仰等相关文书进行了深入的探讨。应该承认，如果没有大批量的民间文书的发掘，很多研究议题是不可想象的，诸多研究领域的推进也将滞后不少。

近十年来，台湾文书的整理也产生了新的变化，由前期对于较大区域的文书整理，如陈炎正对台湾中部文书的整理成果《台湾中部契约文书汇辑》（厦门大学、海峡两岸出版交流中心编《民间遗存台湾文献选编》第一编第2、3、4册，九州出版社，2011年），向脉络清晰的家庭或家族性文书整理转化，如何孟侯分别主编的《竹堑水田庄吴家古文书》（台湾文献馆，2014年）、《岸裡大社文书》（收入方宝川、谢必震主编《台湾文献汇刊续编》第25至30册"公私文书 民间契约"，九州出版社，2016年）；黄阿彩编著的《美浓竹头角黄家古文书》（桂冠图书股份有限公司，2018年）。

福建文书的发现，肇自1930年傅衣凌先生对闽北永安县契约文书的发现，他利用福建省永安县发现的契约文书，编撰出版了《福建佃农经济史丛考》（福建协和大学出版社，1944年），随后又对收集的闽西、闽中和闽北民间文书（契约为主）辅之以其他文献进行研究，完成了经典性著作《明清社会经济变迁论》（人民出版社，1989年），开了利用民间文书研究中国社会经济史的先河。

傅衣凌先生的后继者杨国桢教授利用契约文书研究明清时期的土地产权关系。他的《明清土地契约文书研究》自1988年由人民出版社出版以来，已经出了三次修订版，系统地对福建契约文书及其他区域的文书进行了全面研究，开创性地提出建立中国契约学的构想。1990年以来，陈支平、郑振满等学者又利用契约、族谱等民间文书对明清福建社会史领域进行了拓展性的研究，进一步扩大了民间文书研究社会经济史的范围，其中陈支平的《近五百年来福建的家族社会与文化》（中国人民大学出版社，2011年）与《民间文书与东南族商研究》（中华书局，2009年）、郑振满的《明清福建家族组织和社会变迁》（中国人民大学出版社，2009年）等，在学术界产生了广泛的影响。上述研究成果所开创的史学研究范式不仅开阔了学者利用史料的眼界，也使人们进一步认识到民间文书在史学研究中具有的重要性与独特性。

在傅衣凌先生的倡导与影响下，福建文书的整理与出版事业，得到了长足的发展。1980年以来厦门大学、福建师范大学相继整理出版了杨国桢主编的《清代闽北土地文书选编》（《中国社会经济史》三辑，1982年第1—3期）、《闽南契约文书综录》（《中国社会经济史》1990年增刊），福建师范大学历史系主编的《福建民间经济契约文书选辑》（人民出版社，1997年）等一批以明清时期土地契约为主的资料性文献。

福建文书虽然发现得早，但一直未有规模性发现，以往福建文书的整理与出版，所用的文书均来自图书馆的存档。直到2014年，笔者在周宁县博物馆郑勇馆长办公室发现半麻袋破损的闽东文书，并由此联合高校、地方政府、宗亲会、文物收藏与从业者，一同努力对闽东文书进行在地性抢救性收集，福建文书零星发现的局面才得以结束，目前公、私藏的闽东文书已超过 10 万件，闽东文书的整理成果 100 册《闽东家族文书》（图 1-3），将陆续由广西师范大学出版社出版，目前已经出版了 25 册，是首次专门整理闽东文书的重大成果。闽东文书具有收集的在地性，资料的家族性，文书之间、文书与族谱，以及文书与地方史之间具有很强的关联性，可以重返历史现场对文书所述进行验证的特点。

近年，厦门大学郑振满教授以永泰文书为出发点，对福建文书进行了大规模收集，拟出版 100 册《福建民间契约文书》，到目前为止，已经出版了 50 册（福建人民出版

图 1-3 《闽东家族文书》书影

社，2022 年）。

上述所列，只是对民间文书整理与研究成果的一个概貌上的叙述，不可能面面俱到，随着 20 世纪民间文书的大量新发现，相信更多的整理与研究成果会陆续出现，随着现代科技的发展，未来的整理与研究正在向数字化方向迈进。

乡村社会与民间文书的留存

民间文书产生于乡村社会，以契约文书居多，契约文书中又以土地买卖文书占多数，清代以前人们被固定于土地上，很难离乡别土以末业进行谋生，所以，土地买卖并不发达，又加之耕种土地是人们赖以生存的主业，不到万不得已，人们并不典卖土地，所以，典卖土地产生的契约，以及与之相关的文书相对稀少，民间文书多以散件的形式见之于世。

笔者依据民间文书收集所见，民间文书的留存形态主要有三种形式。一是以家庭文书为单位的个人收藏。这些文书收藏于村民之家，被学者发现，整理出版，是原生态留存的民间文书。比如闽东家族文书、石仓文书等。二是研究机构或文书研究者的批量购买。比如太行山文书，是邯郸学院一次性向乔福锦教授购置的涉及晋冀鲁豫地区的批量民间文书，约有 10 万件。三是文物市场的零星购置。比如贵州民族大学王涛老师所收购的数万件福建家族文书，是多次异地购买所得。

民间文书什么时候被人们有意识、原生态、成体系地收藏于家中，我们很难从时间上确定，但从文书被发现的规模上看，清代以后的民间文书居多，所以我们可以作个基本的判断，起码从清代中期开始，人们便有意识地收集与产权相关的民间文书，至于其留存形态，我们将在下文以闽东民间文书为中心进行分析。

对于闽东文书，民间一家一户以"契盒"的形态对家族文书进行有意识、成体系的保存，这种保留方式从什么时候开始？或许我们从民间的采访中能看出端倪。在周宁县，老一辈有个传说，在 20 世纪 30 年代，闽东苏维埃政权没收地主土地，焚毁地主的契约，将土地划成小块，重新颁布土地新证，无地的农民拥有了土地。我们在周宁县泗桥乡硋窑村发现连洪发家文书的过程，似乎印证了这个民间的传说。

闽东文书最早发现地为周宁县泗桥乡硋窑村。泗桥乡位于周宁县西北部，是清代闽东的福宁府由西南通往闽北建宁府之政和县镇前镇、澄源乡重要的古代陆上通道，素有"闽东北大门"之称。硋窑村位于泗桥乡东部 8 公里的仙风山东北脚下，此地因有优质的高岭土及林木、水利资源，早在南宋时期，就有江西景德镇的制瓷工人到此烧制青白瓷，其产量远超当地消耗水平，主供出口，是海上丝绸之路商品的原产地之一。明嘉靖年间由于东南沿海倭寇的侵扰，瓷器出口受阻，滞留于此的产业工人成为硋窑村最初的村民。闽东地区传统村落多为单姓村民，以血缘关系聚族而居为主，笔者 2022 年到硋窑村调研，村支书告诉我们村中仅有 331 户，共 1221 人，却由 16 个姓氏的村民组成。其中以连、林姓居多。

连氏家族文书是我们在闽东发现的第一户家族文书，其主人是连夫保，2015 年时已经 96 岁。他告诉我们自懂事起，他家的文书就一直收藏于"契盒"中，其他人家也是如此。他家的契盒自他记事起就存了。如果 6 岁记事，时间回到 90 年前，也就是 1925 年前后，与 1927 年闽东建立第一个苏维埃政权的时间相吻合。当然，我们不能由此推断，契盒普遍出现于 20 世纪 20 年代中后期，但起码我们可以推知契盒的出现应在此之前。雍正元年，政府推行"摊丁入亩"制度，取消了"人头税"，将丁税摊入田亩统一征收地丁银，土地成为人们最重要的生产资料。"地凭文契官凭印""买地不税契，诉讼没凭据"成为民间的口头语。清代政府对土地产权的认证，强化了人们对于私有财产的意识，推动了民间对契约以及与契约相关文书的保存，这些积聚起来的私家生活文书与产权文书相互叠加，成为家族珍藏的民间文书。

这就不难理解周宁县博物馆郑勇馆长告诉我们的一个故事，他说在周宁，如果出现兵匪，或是突遭灾祸，人们第一时间就抱着契盒往山上逃跑。契盒不仅是家族财富的证明，也是山高皇帝远的地方社会维系家庭传承的重要法宝，它记载着家族的故事，收藏着先人的承诺与企盼，更是承载着祖先的荣耀与对后人的祝福。

仔细梳理闽东民间留存的契盒文书，我们发现其收储的内容十分繁杂。最早为明崇祯时期，至1949年，在时间上具有连续性，文书之间具有关联性，成为以时间为主线，以土地买卖契约为核心的系统性家族档案资料。契盒的文书大致包括：土地买卖与赋税类文书，如纳户执照、纳粮清单、上忙下忙票据、收租单等；家族经济类文书，如抄契簿、田价单抄本、家族账簿、收借据、当铺赎回登记单、清末股票、民国盐引单等；宗族文书，如宗族族谱或家族简谱（宗族族谱一般放置于宗亲会保管）、清代中后期的各种做会与人情往来流水抄本（如周宁县纯池乡的"父母会公议书"、寿宁的福喜寿账册等）、家族分阄书、家族诉讼文书等；家庭生活文书，如吉课书（闽东人称为命簿）、婚嫁彩礼单、清人照片、科举捷报、福建振捐总局手札等。

文书中除了家族文书，也有不少涉及明清时期寺田的契约，比如纯池郑氏300多件家族文书中，就有20多件与寺院契约有关，涉及的寺院建寺时间早、区域较广泛，包括始建于唐末位于周宁县的云门寺、凤山寺，始建于元代的方广寺，还有政和县的定风寺，等等。

我们目前看到留存下来的民间文书，全国各地均以清中期以后居多，各地的民众根据不同地理环境，气候差异，甚至放置习惯采用不同的存放方式。在贵州清水江流域，人们将这些文书成捆、成包存放。在闽东由于山区长年潮湿，特别是高海拔的周宁县、寿宁县、柘荣县，为了防潮，人们将文书保存于各种木制箱子中，有些契盒里面放上可以吸附潮气的枯草，存放于阁楼之上。目前我们在闽东地区收集到的契盒已有50多个，存放于周宁县博物馆，每个契盒装有二三百件文书。"契盒"多呈长方形，木制，大小不等。图1-4是福建省周宁县泗桥乡砝窑村连洪法家族文书契盒，长、宽、高分别是30厘米、7.8厘米、12厘米，装有300多件家族文书。

也有特例，福安市坂中乡铜岩村陈云生将其家族从道光年间至2010年的238件文书，粘连成长39米，宽92厘米的长卷进行保存。（图1-5）

图 1-4 福建省周宁县泗桥乡硋窑村连洪法家族文书契盒

图 1-5 福安市坂中乡铜岩村
陈云生家族契约长卷

周宁县李墩镇楼坪村张氏家族文书保存于支派契盒中，由五个抽屉组成，一个抽屉保留了一个家庭的契约，反映了清代至民国初年张氏家族的土地买卖情况（图1-6、图1-7）。这些"契盒"由家庭、支派与合族契约（俗称"百房契盒"）组成，支派以上的文书在各支房监督下加封条存入"契盒"，如要开启，需在各房房长的共同见证下进行。

闽东文书以一家一户为单位留存，契盒内除契约外还有该家庭的支谱，形成文书—家族支谱—总谱的关联格局。契盒在房长与族人见证下加盖封条，每次开启契盒增减其中内容，或纂修改动支谱，也要在众人见证下进行。2015年我们在拍摄硋窑村连洪法家族文书契盒时，契盒尚未开封，完整地保留了民国初年的三个家庭的三张封条状态，我们开封拍摄后的次日，见到96岁的连夫保赶往邻村，下车询问其为何匆匆赶路时，他很不高兴地说契盒被我们打开了，要到邻村告诉宗族的其他房支兄弟。

并非所有的闽东文书都用"契盒"保存，也有以"包""捆"的形式出现，比如汤洁婧提供的杉洋村畲族文书，是以"包"的形式出现。笔者将这种成体系的家族文献称为"契盒"文书，不仅包括契盒内中文献，也外延至与契盒文献家族相关的文献，是一个以契盒为中心构建的立体文书群的概念。不可否认，由于文书的流转原因，闽

图1-6　周宁县李墩镇楼坪村张氏家族文书契盒

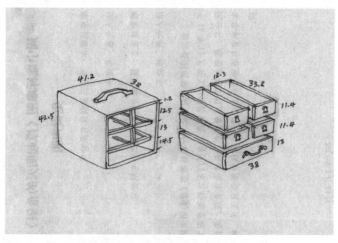

图1-7　周宁县李墩镇楼坪村张氏家族文书契盒尺寸示意图（郑勇绘）

东也存在着大量文书体系被破坏、在地不清晰、归户不明确的文书。

　　到目前为止，笔者研究团队在闽东收集到的文书超过10万件，是目前公、私藏机构收集数量最多者，但也只是保留于世上的少部分，数量巨大的文书仍以私存的形式留存于民间。2018年11月《闽东家族文书》第一辑出版，收录了明代万历年间至民国年间周宁、柘荣、寿宁、古田、屏南山区五县的文书，共5000余件，填补了福建闽东契约文书出版的空白。2021年9月，《闽东家族文书》第二辑10卷本出版，增补了福安、福鼎、霞浦、宁德沿海与畲族文书，以乾嘉道、光绪、民国年间三个时期数量为多。

　　笔者长期在闽东收集与整理民间文书，以闽东文书为例，其内容大概可以分为四个文书群，若干种类，内在脉络大致如图1-8所示。

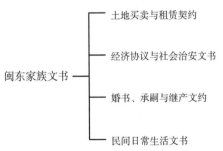

图1-8　闽东家族文书总体脉络

由图 1-8 可知，闽东民间文书由土地买卖与租赁契约，经济协议与社会治安文书，婚书、承嗣与继产文约，民间日常生活文书四个文书群组成。产权是家族最看重的内容，承载着家族最重要财产的证据，所以土地买卖与租赁契约是民间文书的核心和主要内容，内容繁多，有土地买卖与租赁契约，也有在土地买卖与租赁过程中产生的各种契约与协议，比如，土地买卖契约中的白契，以及由白契确权产生的推条、收条、串票等民间手条。租佃契约中产生了租、借、典、当、批、退、替、拚（弁）、拨等契约、协议与约定，具体情形如图 1-9 所示。

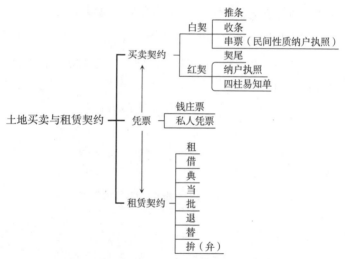

图 1-9　土地买卖与租赁契约脉络

其中，凭票因土地租赁而生成，是每年计算利息的重要依据，经历租赁开始时的立票，一年一度的结息换票，与租赁期满的结票阶段，是土地租赁环节中一个重要部分，也是租赁契约中最重要的动态调整手段。土地买卖与租赁契约无论是官契，还是白契，都为官私所看重，是具有法律意义的文书。除此之外，民间在经济往来中也形成了一套行为准则，这些准则通过各种民间金融手条，包括各种民间借条，借据，各种与经济相关的协议、合同、盟约等进行维系。在社会治安方面，除了维持社会公德所需要遵守的乡规民约之外，还存在着各种惩罚性的条款对违反社会治安的行为加以约束，比如针对偷盗，有赔赃书、甘结字等与认罚相关的文书。这些经济协议与社会治安文书内容有关联性，如图1-10所示。

图1-10　经济协议与社会治安文书脉络

经济协议与社会治安文书，虽然不以契约形式出现，但存在着当事双方的协商与合约，一定程度上行使着双方的意愿与承诺功能，维持着民间经济秩序的正常运行，保证社会治安的正常秩序。

在契盒中我们也发现了大量的民间婚书、婚契，还有分家时由家长所立的分家书，是财产分配公正性与产权传承清晰性的文字见证。继产文约更加严格，立有继嗣书，这部分文书与家族的财产析分、家族财富的传承息息相关，内容如图 1-11 所示。

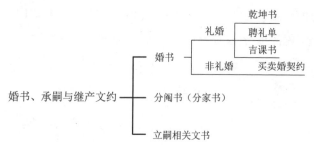

图 1-11　婚书、承嗣与继产文约脉络

有些文书记载了家庭日常开销，属于家庭日常开支流水账，大多记载人情往来如礼金、做会、祈福等日常生活的支出，这部分的文书通常保留于契盒之中。除此之外，还有一些常用的医书、民间偏方、科仪散件也常出现于契盒之中。但有一些家族企业的账本，比如屏南县棠溪张氏家族开有众多商铺，每个商铺的经济往来账本单独成册进行保留。所以日常生活文书中，以散件的，或是少量散存的日常生活所需要的文书为主，记载家族地产的抄契簿、经济往来借贷流水账等，因其数量多、时间长，大多装订成册。民间日常生活文书的内容，大致如图 1-12 所示。

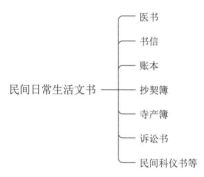

图 1-12　民间日常生活文书脉络

从已经出版的民间文书来看，各地的民间文书内容差不多，比如清水江文书内容有契约、账单、税单、家产清单、纳粮执照、诉状、判词、官府告示、算命书、风水书、清白书、分关书、婚书、休书、过继契约、陪嫁资契、保结书、碑铭、日记、教材稿本等类别的文书。石仓文书内容包括土地买卖契约、账本、家谱、书信、收据、分家文书等资料。太行山文书主要内容包括契约、账单、族谱、家史、礼仪文书、科仪文书、传记、年谱、档案、书信、照片、笔记、日记、作文等。村落文书内容包括账单、文书、文件、档案、村史、乡土志等。

即使各地民间文书内容大同小异，但民间文书毕竟反映了文书所在地人们的生活与经济状态，不同地域的文书内容各有侧重点，带有地方特色。比如清水江文书由于地处西南山区，文书收藏多与林木的采伐，山林经济与林木贸易相关。

中国地域辽阔，不同地域的文书内容侧重点不同，学者根据文书的内容与收藏特点进行分类，没有统一的分类标准。比如太行山文书由于并非在地性发现，属于购藏文书，其内容以"个体文书、家族文书和村落档案"为主，邯郸学院研究者将太行山文书按收藏来源和文书用途进行分类，将太行山文书分为个体文书、家族文书、村落文书、教育文书、日用文书五类[1]。

从已经公开出版的徽州文书、清水江文书、福建文书、太行山文书等来看，无一例外，契约文书占绝大多数，从以家族文书进行编排的闽东文书、石仓文书来看，虽然各家族收藏的文书占比有所不同，但与产权直接相关的契约文书肯定是多数，我们对已经出版的《闽东家族文

1　康香阁主编：《太行山文书精粹》，文物出版社 2017 年版，第 1—5 页。

书》第一、二辑进行统计，第一辑和第二辑收录文书总量为11159件，其中契约文书8004件，约占文书总量的71.7%。可见，契约文书是民间文书的一部分，是整体与部分的关系。

民间文书的收藏有一个明显的特点，就是收藏者围绕契约文书进行文书的留存，形成这种收藏态势最主要的原因，与政府在法律上对契约的认定与采信直接有关，比如，清政府规定"告婚姻必以媒妁聘定为据，告田土必以契券地邻为据，告债负必以中保及契据为据"。[1]由于契约直接关系到产权的认定、田赋的交纳，人们围绕着契约建立财富证据链，所以，民间文书形成了以契约文书为主体的特点也就不足为奇了。

---

1 （清）黄六鸿：《福惠全书》卷11《刑名》，《官箴书集成》第3册，黄山书社1997年版，第327页。

第二章 契约文书与契约精神

什么是契约文书？在回答这个问题之前，有必要对契约研究的学术史进行简单的回顾，通过梳理学者对契约内涵的不同理解、契约概念的分歧性定义，在了解中国古代契约多样性与复杂性后，才能给契约下一个相对清晰的定义。

对于契约的内涵，大多数学者持宽泛化的意见。张传玺先生将契约的源头追溯至上古，认为春秋时期国与国之间的土地转让、经济往来之间的契定，都可认为是"邦国约"。民间的经济往来也可称为"万民约"，可见契约产生之早，涉及范围之广。[1] 乜小红教授对西北地区上古至民国

1　张传玺：《中国古代契约发展的四个阶段》，《秦汉问题研究》，北京大学出版社 1985 年版，第 140–166 页。

时期的公私文书进行了研究，认为中国古代契约内容十分广泛，古代邦邑间的"盟誓"、帝臣间的"丹书铁券"、家族内部的"遗嘱""遗令""族规""宗约"，敦煌文献中的"社条""众会契"，以及行会组织的"行规"，均属于契约的范围。[1]

对于契约的界定，也有狭义论者，杨际平先生即是其中代表。杨先生从民间契约缔约三个基本特点，即"各方在自愿基础上共同商定的约定""约定的内容与当事双方的债权、物权密切相关""缔约方中的当事权利方持之作为权利主张的凭证"出发，对契约的概念进行界定，杨先生认为："契约是一种约定，但并非所有约定都是契约，如家训、族规、乡约、政府策命、丹书铁券等等就不是契约。契约是凭证，但并非所有的凭证都是契约。出入关津的凭证，官府仓库的出纳取予的凭证就不是契约。常被人视为契约的青铜器卫盉、散氏盘、曶鼎铭文都是青铜器主人单方面铸造，记述其生产过程的记叙文，都不是契约。"[2]参照上述杨先生的"是"与"非"的论述，具体到契约的认定中，仍然分不清是与非的界定，存在着不容易界定的模糊

---

1 乜小红：《中国古代契约发展简史》，中华书局 2017 年版，第 41—333 页。
2 杨际平：《我国古代契约史研究中的几个问题》，《中国史研究》2019 年第 3 期，第 79—95 页。

边际。

有学者引入近现代概念，对契约进一步细分。俞江基于清代徽州契约文书的研究，认为清代的"契约"与"合同"是上位概念与下位概念的关系，而"单契"与"合同"才是平行层次的概念。他指出："清代的契约关系体现为当事人之间的具体关系"，而"单契"反映出当事人之间不平等的具体关系，而"合同"中的当事人之间则存在着相对平等的具体关系。[1]俞江并不否认合同是契约的一部分，只是将合同与单契从契约大概念中分裂出来，下位并行看待。

关于契约、单契与合同之间的关联，阿风先生作了解释，他认为"从广义上来说，所有的私法关系文书都可以称为契约，合同只是契约的一种。但狭义上，'契约'采用的是单契形式，'合同'则是符书形式，体现出订立者不同的权利关系"[2]。阿风先生从权与利存在的角度出发，从广义和狭义上对契约的内涵进行界定。

由上可见，对于契约的内涵，学者界定不一，大多从泛义的角度出发，将其大致分为四类，即社会政治契约、

---

1 俞江：《"契约"与"合同"之辨——以清代契约文书为出发点》，《中国社会科学》2003年第6期，第134-148页。

2 阿风：《中国历史上的"契约"》，《安徽史学》2015年第4期，第5-12页。

道德哲学契约、宗教神学契约、经济法律契约。[1] 随着契约研究的深入，学者甚至将人际之间的承诺与践约类行为形成的文字记录，划入人际关系契约，契约的定义呈逐渐宽泛之势。

就民间文书所见，契约的形式除了涉及产权交易形成的单契外，民间还有利益与经济的往来承诺，其书写形式与表达形式多样，比如，民间将契约书写于族谱上，镌刻于祠碑、房屋的梁柱上等，这些契约存在着不完整性，甚至有断章取义之举。但无一例外，这些不甚规范的内容，包含着契约的承诺与践行内容，是契约缔结的根本之义，为民间所认可。如果狭义上以后世的同质化契约为标准，将具有民间承诺的各种金融手条、经济合同，以及账目契定的便条一概除外，则很难反映古人的契约本义。所以，笔者认为契约的认定，不能以近现代的视野对契约作狭义上的界定，在古人眼里，承诺与践约即是契约的内涵，具有宽泛性。比如，乡规民约由乡村社会集体制订，是进行自我约束、自我管理、自觉自愿履行的民间公约，体现了对社区所在地所有民众的约定，具有合契众意的行为特征，其内容十分广泛，包括社会公德之遵守，乡村良俗的维护，

1　何怀宏：《契约伦理与社会正义：罗尔斯正义论中的历史与理性》，中国人民大学出版社 1993 年版，第 12 页。

其中有表彰性的条款，有惩罚性的细则，很难说不具备契约的属性。

基于上述认识，笔者认为泛义上的契约文书并非仅指经济领域中产权、物权与债权转移中形成约定的文字记录，而是包括具有契约内容的协议、合同，以及各种合约，乃至具有处罚性质的认非书、赔赃书，以及婚姻领域中的婚书约、婚契等，是签约双方契合与信约产生的文书，这些文书均可以纳入泛义上的契约范畴加以理解。

契约文书的发展与演变

契约的概念清晰后，我们就可以依照"契定与践约"的思路去理解中国契约文书的发展与演变历程。在中国人的传统意识中，毕竟是口说无凭，人们更看重的是立字为证。立字即是立字人与涉字人双方合意的契定，在古代中国，人们将这些口头约定铸于青铜器之上，镌刻于祠碑，书写于文书之中，形成了各式各样的契约载体。

对于中国古代契约文书的发展与演变，学术成果颇多，但学者的观点并不一致，大致根据"契"与"法"的关系进行判断，举其要者，叙述如下。

张传玺先生较早地对中国契约的发展与演变进行研究，

他的《中国古代契约发展的四个阶段》《契约问题》《中国古代契文程式的完善过程》三篇论文，系统地论述了中国契约的发展、契约形制的演变过程。张传玺先生认为中国古代契约文书起源于西周至春秋时期；东晋至五代至唐时，私约流行。北宋时政府推出土地典卖文契的写作"榜样"，力图实行"标准契约化"。对于中国古代契约形制的发展，张传玺先生也做了研究，他认为西周、春秋时期，人们将契约镌刻于青铜器之上，以铭文的形式出现。东晋至五代时期，契约普遍书写于纸上。唐至北宋初年，契约样文流传，民间以单契形式书写契约，业主出据，银主收存的形式一直沿用至明清时期。[1]

当然持中国契约上古论者，并非张传玺先生一人，杨国祯先生也认为契约文书出现的年代相当久远，其产生的年代甚至可上溯到上古时期，包括青铜器时代。对于张、杨先生的观点，杨际平先生持不同的意见，杨先生直接否定了青铜契约的存在，也就直接否定了张先生所说的契约第一个发展阶段的存在[2]。可惜杨先生并没有建立起令学者

1　参见张传玺：《秦汉问题研究》之《中国古代契约发展的四个阶段》《契约问题》《中国古代契文程式的完善过程》，北京大学出版社1985年版。

2　杨际平：《我国古代契约史研究中的几个问题》，《中国史研究》2019年第3期，第79-95页。

信服的理论体系，所以杨先生的观点，并不为大多数学者同意，目前所见，仍以泛契约论学者居多，笔者也是其中之一。

阿风教授立足于历史时期契约形制的发展，对契约研究学术史进行了检视，将中国契约的自身发展演变简化为三个时期。他认为，第一个时期是中国早期契约的发展阶段，从远古至宋代之前，初步形成了以土地买卖契约为代表的中国古代契约的书写格式与基本形制。第二个时期是宋代至明清，契约书写不断产生变化。比如洪武后期，徽州的契约改变了之前皇帝年号的书写抬头空格的情况，开始抬头顶格书写皇帝年号，并且采用平抬或高抬的样式进行书写，渐成标准。明清时期随着政府的赋役改革，土地清丈留下种种痕迹在契约中都有反映。第三个时期是20世纪50年代以后，随着契约的新发现，中国古代契约的发现与整理进入空前繁荣的阶段，特别是20世纪90年代以来学者对古代契约展开长时段、跨地域的比较研究，将会成为今后契约研究的重要方向。[1]

尽管学者判断中国古代契约标准有所不同，但张传玺先生给出契约成立的三个条件仍然为学术界所认同，"一

---

1 阿风：《中国历史上的"契约"》，《安徽史学》2015年第4期，第5—12页。

是当事人对标的有完全的所有权或完全的处分权；二是标的须确定；三是当事人意思表示不得违反一般法律行为及契约之原则"[1]。如果按照张传玺先生的标准，综合学者的研究，笔者认为契约形制与演变，大致经历了宋代以前无样文契约、宋代样文契约和明清至民国契约同质化时期三个发展阶段。

（一）宋代以前无样文契约期。契约的原始形态，我们可以追溯到西周时期，这一时期民间的经济往来签署的契约种类主要有"傅别""质剂"与"书契"三种。唐朝，契约为社会普遍接受，人们经济行为依契而行，契约的书写虽然各地仍有不同，但写作规范基本形成。

（二）宋代样文契约时期。至宋代，政府承认土地私有化，"令各户各乡造砧基簿"[2]，砧基簿与契约一起成为税役的重要依据，所谓"夫契书者，交易之祖也；砧基簿者，税役之祖"[3]。官方颁布契约"榜样"，民间契约按官方给出的"样文"进行拟作，"样文"中的土地标的要求按砧基簿罗列，有户主、田产面积、土地四至、来源、卖田原因等

1　参见张传玺：《中国古代契文程式的完善过程》，《秦汉问题研究》，北京大学出版社 1985 年版，第 190–208 页。

2　马端临：《文献通考》卷五《田赋考》五，中华书局 1986 年版，考六十二。

3　曹彦约：《新知澧州朝辞上殿札子》，刘琳等主编：《全宋文》第二百九十二册，卷六六五三《曹彦约·四》，上海辞书出版社 2006 年版，第 290 页。

要素，砧基簿对应有地块的形状图，经耆老、邻保、里长、族长等地方与宗族管理者查勘确认后，上报经界所，登记成册，交由产权人收执，另造两份收存于乡、县、州与转运司。至此，民间契约内容与形制有了政府的范本，契约开始了同质化之路。

（三）明清至民国契约同质化时期。明代，从洪武年间开始，政府攒造并推广鱼鳞图册，对地块进行丈量与编号，加以黄册进行印证，做到了人地相互印证，产权清晰，鱼鳞图册成为税赋征收与摊派劳役的依据。图 2-1、图 2-2 是婺州汤溪鱼鳞图册举例图 [1]，图中显示，不仅作为耕地的地块四至有明显的标示，作为山场的地界也是如此。

明代，民间契约中土地四至，往往参照政府颁布的鱼鳞图册标示的四至方法进行书写，我们在广西西江流域一些清代契约中仍然看到政府清丈土地标注的地块编号。地块的编号与四至写法，是政府大一统行为，也是标准化产物。契约的拟制如果确定了土地四至的写法，再加上契约的其他主要内容和契尾，基本形成了同质化的契约制式。目前我们见到的契约，以清代中期及以后至民国年间居多，这些私契主要由两部分构成。一是契约内容，二是落款与

---

1 李义敏、张涌泉、胡铁球：《白沙庄仁元字鱼鳞图册》，《汤溪鱼鳞图册合集》第一册，浙江大学出版社 2021 年版，第 56、57 页。

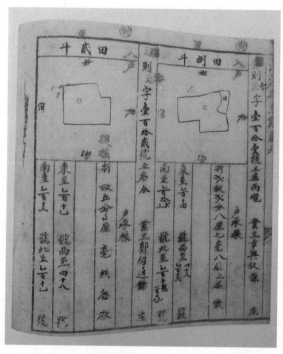

图 2-1 婺州汤溪鱼鳞图册举例图一

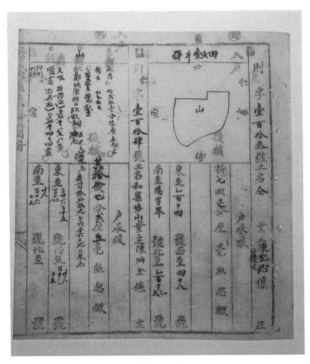

图2-2　婺州汤溪鱼鳞图册举例图二

画押部分。契约的主要内容又由三部分组成。一是立契人，典主或卖主，是拥有土地产权和最终处分权的业主。如果共有产业，尚须加上其他产权人名字。二是说明土地来源，土地标的的四至，明确土地契价银和银主，列出不悔与免责声明，等等。契约涉及产权，所以明确被交易对象的坐标位置十分重要，为了进一步明确土地的指向，契约的拟制往往又加上地块的税则数，土地的面积数，这些内容与政府征收赋税相关的黄册有关联，所以土地坐落与黄册中的业主必须对应。三是落款，包括立契人、中人、代笔人姓名与画押等。契约主要内容及基本要素的书写，构成了契约的基本框架，上述几种必备因素，互相叠加，形成了全国各地契约书写的同质化。在契约大量出现的清代，土地所有权与使用权的转让与租赁，以亲朋族邻优先为原则，很少将宗族的土地外卖，所以在契约中，往往标明卖者与买者之间的关系，契约中因为被典卖的地块很小，多以聚落内人们熟知的地名进行书写，所以全国各地契约的形制与内容十分相似，如果离开契约所在地，流转到他乡，根本不能确定契约所指的土地坐落。所以，契约同质化现象产生的主要原因，与契约书写借鉴或抄袭土地黄册、鱼鳞图册的内容有着密切的关系，民间契约的同质化反映了政府大一统的治国方略。

经过宋明时代对契约写作的规整，虽说至清前期，全国契约的式样已经渐趋同质化。但清代契约书写与政府集权的强弱有着密切的关联。清前期全国刚统一，在边远地区，清政府的统治仍然未稳固，民间契约的书写显得随意与潦草，人们在契约上随意批凿、加注，版面显得十分凌乱与不整洁，缺乏严肃性。周宁县纯池乡纯池村徐氏家族文书中顺治年间徐希信所立的卖田契即是如此，见图 2-3。[1]

封建时代的年号，不仅用于纪年，更代表皇权的威严，书写必须规范，明代契约显示，皇帝年号的书写就有高出契约内容，甚至是顶格书写的现象。然而这种现象的出现，与王权在百姓心目中的形象有关，王权强势时，皇帝年号书写高出契约，弱势时与契约内容持平，反映在契约中皇帝年号的书写参差不一。比如，天启年间，已是明朝晚期，中央对地方的统治没有盛世时的威严，两广交界西江流域的契约显示天启年号与内容齐平，契约上并没有显出王权的至高地位，图 2-4 天启三年蒋天赐立卖塘契[2] 即是如此。

至雍正时期，涉及皇帝的年号书写，仍然存在着顶格高出，不顶格、与契约字体持平的两种书写方式。比如

1 周正庆、郑勇主编：《闽东家族文书》第二辑《寿宁卷》（上），"周宁县纯池乡纯池村徐氏家族"文书，广西师范大学出版社 2021 年版，第 5 页。
2 收藏于梧州商业博物馆，王建忠教授提供。

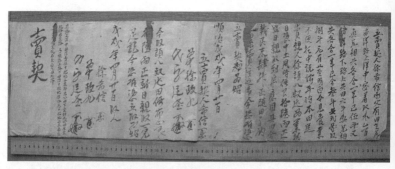

图 2-3　顺治十五年四月二十一日徐希信立卖田契

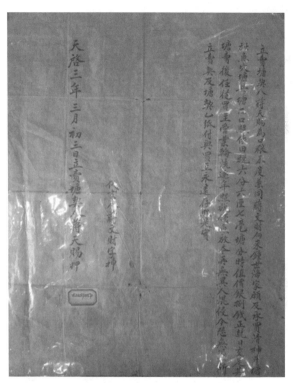

图2-4 天启三年蒋天赐立卖塘契

图 2-5 福安县松潭村杨氏家族文书中的"康熙四十六年（1781年）二月杨瑞可立贴苗田契"[1]，康熙年号书写与贴苗田契内容持平。

雍正时期，随着"文字狱"的兴起，封建皇权强化，民间契约在皇帝年号的书写上显得十分慎重，大多是年号高出内容一字的书写方式，同样是福安县松潭村杨氏家族文书，雍正时期的契约书写就是如此，见图 2-6 雍正十年（1732年）姪朝士、姪礼士立卖苗田契。[2]

自从雍正年间以后，乾隆至光绪二十四年（1898年），契约书写基本是皇帝年号高出内容的书写方式，图 2-7 所示契约即是其中一例。

我们可以将光绪皇帝的统治分为两个时期，光绪十五年（1889年）以前，太后听政；光绪十五年以后，皇帝亲政。光绪皇帝的亲政时期，清政府积贫积弱，光绪二十年（1894年）甲午战争爆发，清政府战败，次年被迫签订了《马关条约》，士子随后公车上书，政治动荡。光绪二十四

1　周正庆、郑勇主编：《闽东家族文书》第二辑《福安卷》，"福安县坂中畲族乡松潭村游氏、杨氏家族"文书，广西师范大学出版社 2021 年版，第 401 页。

2　周正庆、郑勇主编：《闽东家族文书》第二辑《福安卷》，"福安县坂中畲族乡松潭村游氏、杨氏家族"文书，广西师范大学出版社 2021 年版，第 403 页。

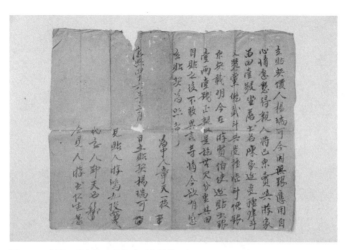

图 2-5　康熙四十六年二月杨瑞可立贴苗田契

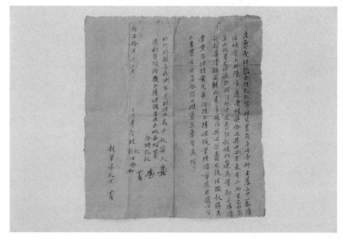

图 2-6　雍正十年十二月姪朝士、姪礼士立卖苗田契

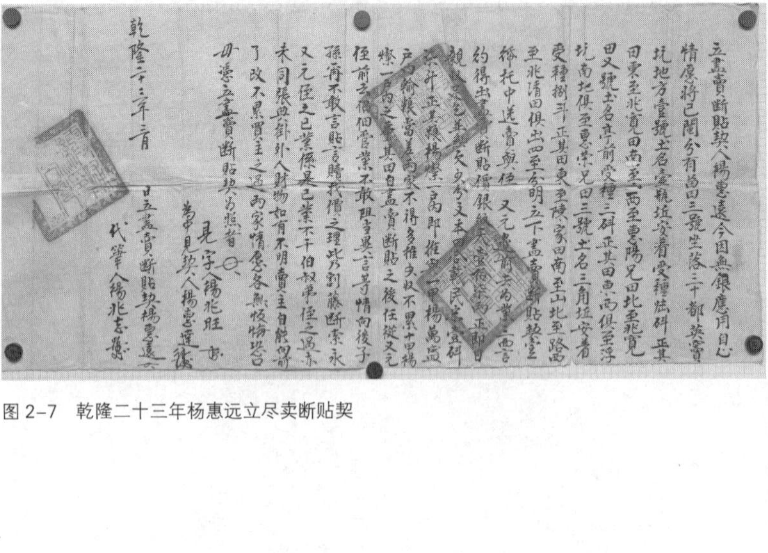

图 2-7　乾隆二十三年杨惠远立尽卖断贴契

年康有为、梁启超等维新派人士实行戊戌变法，同年，戊戌变法失败，变法六君子被杀，光绪皇帝被囚于瀛台。光绪皇帝在内政外交中的失败，使人们对皇帝的敬畏之心日减。皇权统治力的衰退，表现在契约的书写上，开始出现了契约内容与皇帝年号持平的现象，甚至出现皇帝年号与典主或银主姓氏平行的书写形式，民间越来越重视自身的产权，图2-8光绪二十九年（1903年）郑佛铨立找尽断契[1]的书写，契约中作为姓氏之"杨"字书写与光绪年号齐平即是其中一例。

宣统年间出现一个非常有意思的现象，就是人们书写契约时，通常将家族的"族"字，与皇帝的年号持平，比如《闽东家族文书》第二辑收录有"寿宁县鳌阳镇横程村多姓家族文书"5件宣统元年（1909年）至三年（1911年）的契约文书，有4件是族宅的族字或房支姓氏与皇帝年号持平，图2-9就是其中一例。契约书写皇帝年号的变化，反映了清末期王权的衰落与族权的兴起。

随着清政府的垮台，民国初年，契约的书写出现一个新的现象，民国纪年与银主姓氏比契约其他内容高一格写法逐渐增多，以福安县松潭村杨氏家族文书收录的7张

<hr>

[1] 周正庆、郑勇主编：《闽东家族文书》第二辑《寿宁卷》，"寿宁县鳌阳镇横程村多姓家族"文书，广西师范大学出版社2021年版，第97页。

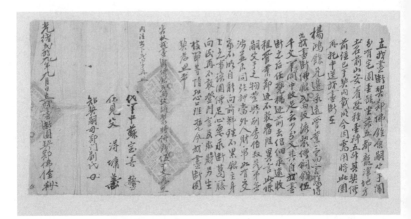

图2-8　光绪二十九年郑佛铨立找尽断契

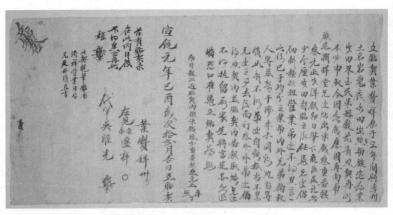

图2-9　宣统元年十二月叶赞祥立贴水田契（收藏于周宁县博物馆）

民国契约为例，我们看到，民国纪年书写明显高出内容的几乎没有，即使有也是遮遮掩掩的半格，只占 2 例。其余 5 例是民国纪年与银主姓氏持平，高出契约内容一二格（表 2-1）。这种变化并非松潭村个案，在闽东契约中均存在着，不一一列举。

表 2-1　福安县松潭村杨氏家族文书
民国纪年书写方式一览表

契约名	民国纪年书写方式	资料来源
7-3-095 民国四年十一月杨鸿铨立典苗田契	比契约内容高半格，几乎持平	第二辑《福安卷》"福安县坂中畲族乡松潭村游氏、杨氏家族"文书第 492 页
7-3-096 民国六年二月郑寿喜立尽找断宅园契	年号与银主姓氏持平，高出内容两格	第二辑《福安卷》"福安县坂中畲族乡松潭村游氏、杨氏家族"文书第 493 页
7-3-097 民国六年十一月杨鸿铨立贴苗田契	比契约内容高半格	第二辑《福安卷》"福安县坂中畲族乡松潭村游氏、杨氏家族"文书第 494 页
7-3-098 民国七年十一月杨鸿铨立贴苗田契	年号与银主姓氏持平，高出内容一格	第二辑《福安卷》"福安县坂中畲族乡松潭村游氏、杨氏家族"文书第 495 页
7-3-099 民国十一年十一月杨洪（鸿）铨立尽卖断苗田契	年号与银主姓氏持平，高出内容一格	第二辑《福安卷》"福安县坂中畲族乡松潭村游氏、杨氏家族"文书第 496 页

契约名	民国纪年书写方式	资料来源
7-3-100 民国十二年十一月杨鸿铨立典苗田契	年号与银主姓氏持平，高出内容二格	第二辑《福安卷》"福安县坂中畲族乡松潭村游氏、杨氏家族"文书第497页
7-3-101 民国十二年十一月杨鸿铨立典苗田契	年号与银主姓氏持平，高出内容一格	第二辑《福安卷》"福安县坂中畲族乡松潭村游氏、杨氏家族"文书第498页

民国时期，强调银主的书写方式，表明契约作为产权的明证得到社会普遍的认同。

清代中期以后，契约虽然出现了同质化的现象，但契约的发展并不僵化，以另外一种方式对民间生活产生更加广泛的影响。民间财产的买卖与转移，日常生活中经济细务，人情往来，均参照契约文书的写法，形成以契约为基本精神的民间产权体系。清中后期，人们将民间文书进行分类、将书写形式汇总成册，成为指导民间在经济与日常生活书写实践中可参照的通书，并摆卖于市井之中，成为社会普遍认知的文体。

笔者在湖南郴州发现了一本民国三十八年（1949年）的"田地屋产地基草稿"[1]（图2-10、图2-11），当地的百

1　影印件为湖南省永兴县收藏者李向明提供。

姓告诉我们，里面记载的大概就是他们认知的契约文书，涉及的内容有以下几大类。

山林土地与房屋等固定产买卖、租赁契约文书。这部分的文书内容最多，包括田产、房屋买卖类：立卖屋产屋宇山岭地基契、立典当水田契、典当新谷字、在赎契、立卖退耕业契、立卖退耕退业遣契、立承批字、立承批土字、立承批屋字、立承批公杉树字、立承批茶山字、立暂承耕字、立承耕字、开田字。文书的内容围绕着土地买卖租赁，及由此产生的各种批字，其书写规则与全国其他地方的书写规则大同小异，比如土地买卖契约，大致包括立契人、中人、见证人等，立契内容包括土地来源、土地四至、契价银、免责声明等。

家庭财产分割文书。这部分文书用于家产的分割，分关书就细分为"父立分书，母立分书、叔侄分关书、兄弟协议书"。在领养与过嗣时签订有"领管孩儿字据、娶亲抚养字、立遵遗承继书字、嗣书字、分家继嗣协议"。关于族产的管理，则有专门的"祖（父母）公祭簿"，草稿册中有"祖（父母）公祭簿序"等。

婚书与婚契。关于婚礼的文书"婚书字"，由婚姻而衍生的各种文书有"妆奁字""娶亲请乐师字""养岳父母约"。典卖婚的婚契有"立转婚字、招郎婚书、过继婚书"等。

民间借贷，以及与税赋相关的金融手条。草稿书里有"立修用粮字、立修粮洋字、立承粮字、立收字、承粮字、折粮字、领契税字、采买谷字"等与土地买卖和租赁相关的一系列与赋税相关的民间手条。还有与土地开发相关的田价、工价等协议，如佑开塘字、立限字、立拨字、承认长工字、立全收足领田价字、工价字，等等。

偷盗与社会治安文书。牛是农家的重要财产，稿册中单独罗列有招认牛的文书，比如"失牛出字、盘倒牛立出召（牛）告字、领牛字"等，还有与社会治安相关的文书，比如"改过字、还甘结字"等赔赃与认赃文书。

人情往来日常用书。这些文书有"投师字、请立标会字、外室领花礼字"等。

从稿册中我们可以见到民间文书的繁杂与众多，虽然在学者的视野下，老百姓将上述民间文书视作契约文书不完全正确，但在民间的认知中，契约的标准没有那么严格，他们也很难将民间文书与契约文书分开，在民间只要有借而必须归还的，有承诺必须兑现的文书均视作契约文书。

图 2-10　湖南省郴州市永兴县民间文书写作范本封面

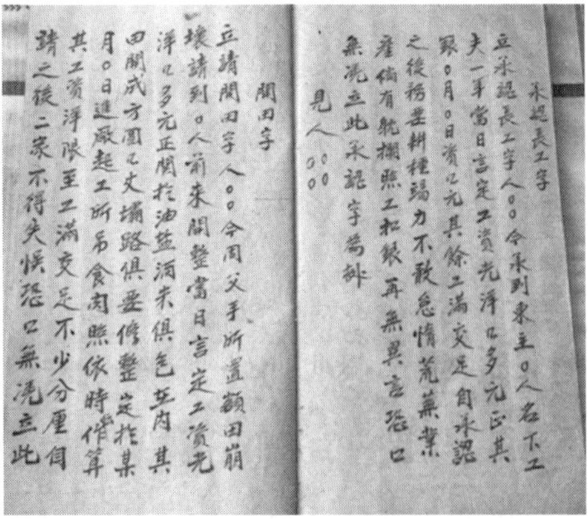

图 2-11　湖南省郴州市永兴县民间文书写作范本示例

契约精神的演变与民间实践

诚信是中国悠久的传统文化，商鞅的"徙木立信"、楚人季布的"一诺千金"等故事，被人们津津乐道，传颂至今。这些诚信行为，被人们树为履行承诺的典范，那些言而无信者被视为无耻之徒。在现实生活中，人们不再相信空口白牙之说，立字为证，执契行事，成为人们经济交往的法则，伴随契约的产生与发展，中国古代的契约精神也得到孕育、形成与发展，演变成具有中国古代社会特色的契约精神，并影响到社会经济与日常生活。

一、古代契约精神的演变

我们可以从以下几个阶段的契约文书对中国古代契约精神的演变进行观察。

（一）先秦时期，中国契约精神的孕育。中国最早的文字为镂刻文字，殷商时期的甲骨文、周代的钟鼎文、秦时代的刻石文无一不是将文字镌刻于龟甲、兽骨、金铜玉石之上，所以这些文字被称为"甲骨文""金文""金石文"。文字上的内容或涉及国家盟誓，或预卜国家大事，或涉及个人重要产权的转移，这些重要的事项，无论与神或与人，大多与许愿和还愿有关，也即是承诺与践约的关系，契约与锲刻由此产生关联。我国台北故宫博物院现收藏有西周晚期的散氏盘，内中铭文共 19 行 156 字（图 2-12）。记载了散、夨两国和谈，划定土地转让的四至及疆界的相关内容。

散氏盘铭文，具有和谈的契约性质，反映了夨人国与散氏国双方之间关于土地转让的意愿，记载了双方盟誓的经过，内中的"我既付散氏湿田、畛田，余有爽变，爰千罚千"[1]语句，类似我们理解的口说无凭，立字为证，如有毁约，甘愿受罚之意。如果转换成后世的契约俗语，相当于契约中"恐口无凭，立契一纸付与×××为照""倘有不明之处，系×××出头抵挡"等常见用语。由此可知，散氏盘铭文已经具有早期契约的雏形。先秦的"誓"与"盟约"，其实是一种"誓约"，以言进行约定，又称誓言，所以有学者认为先秦"誓"体蕴含着丰富的契约精神，包括神灵信仰、对等原则、信用体系等。[2]

（二）汉宋时期，中国古代契约精神的形成与发展。20 世纪 90 年代中期，西安北郊汉长安城遗址出土了秦封

1　散氏盘铭文，现藏于我国台北故宫博物院。
2　叶修成：《论先秦"誓"体及其契约精神》，《北京社会科学》2016 年第 8 期，第 42-55 页。

图 2-12　散氏盘（藏于我国台北故宫博物院）

泥，封泥上有政府的钤印，是买卖双方经过协商形成的文约，政府加盖印证，文约生效，形成"叁辨券"，即有双方商议，政府官员认可的文约。秦简《封诊式》中有"告臣爰书"，其中有"令少内某、佐某以市正价贾丙丞某前，丙中人，价若干钱"的记载[1]，反映了秦时奴隶买卖的过程。秦简上的"封泥"与秦刻钤印，说明秦时政府以国家权力的信誉作为担保，带头践行信约，倡导社会诚实贸易的事实。

"券书"是汉朝买卖契约的称呼，在居延、敦煌一带出土的汉简中，存有十余件西汉契约文书及后汉时期的买墓券，其内容主要涉及衣物、布匹、田地、墓地的买卖。汉代"券书"的书写增加了立券人、中人、证人等，表明契约具有公开性。三国之前，政府将公文镌刻于竹木简牍上，加上封泥与钤印进行传达。个人之间通过竹简文字进行私件传送，也加盖私章，印章制度由此萌发。印章代表着人们的信用，以印章为诚信证据的中国古代的契约精神初步形成。唐代，虽然官方不承认私契，但民间仍然自觉信守契约中的承诺，体现了践行契约的良好社会风尚。

宋代土地私有化以前，以官方所立契约居多，内容大多与政治、国家经济相关。土地私有化开始，土地买卖日

---

1 睡虎地秦墓竹简整理小组：《睡虎地秦墓竹简》，文物出版社1978年版，第259页。

渐活跃，契约也由官方主导的身份契约向经济契约转变。在日益频繁的土地典卖与租赁过程中，人们更注重产权确立的文书。在民间，形成了各式各样证明产权的私约，这些私约与官方文书，形成了一整套支持私契成立的官、私文书，对人们的经济行为进行规范。

（三）清中期至民国初年，诚信守仁契约精神流行期。清代中期开始，随着国家赋税制度的改革，土地买卖日趋频繁，民间文书中留存的以土地典卖为主的契约相当普遍，契约成了寻常百姓家中见证财富的重要证据。现代契约最大的特点是契约的签订是建立在平等基础上的自愿行为，是双方意愿契合的文字记录。但在古代，契约很难说是完全自愿基础上形成的共识，也并不是在完全平等的基础上进行的协商，然而，契约文书中所反映参与契约诸方共同达成的协议是不可否认的，即使协议是权衡利弊后的无奈选择。所以，中国古代契约文书具有契约精神的内涵当是无疑，其与儒家倡导的诚信守仁思想有着诸多共同之处。

二、古代契约精神的民间实践

清代中期以后，以民间契约文书为准则书写的民间文书种类繁多，涉及面广，笔者在福安市发现一本流行于同治年间至民国时期的民间文书样稿，涉及民间经济与生活种种约定与文稿样本，全部是按契约文书的写作模式进行整合，而形成的写作范本[1]。笔者询问稿件提供者林志锋先生这本样稿的名称时，他告诉我，当地人们称这本通书为契约样稿，内容见表 2-2 "福安咸丰至民国契约样稿内容简表"。

表 2-2　福安咸丰至民国契约样稿内容简表

年代	文书名称
咸丰	招赘书
光绪	卖（典）契、寄佃字、承耕字、承佃字、缴还字、尽字、断契、洗断字、安根字、产卖断租契、凭票（硬票、软票）、文约、狗割字、收字、分养字（分养猪牛约）、卖茶林字、批吉地字、禁祠首、分约字、列字、赔赃字、卖主婚书、尚门合约字、供约字、招赘书
宣统	嗣书、付字嗣
民国	办会首约、卖婚书或休书

上表中涉及民间文书的种类约 30 种，其中卖（典）契、寄佃字、承耕字、承佃字、缴还字、尽字、断契、洗断字、安根字、产卖断租契、卖茶林字、批吉地字、狗割字等 13 种与土地、山林的典卖有关，可以视作土地典卖契

1　范本由福安市林志锋提供。

约文书类；与民间借贷经济往来有关的契约有收字、分养字（分养猪牛约）、凭票（硬票、软票）、文约、分约字、列字、赔赃字、办会首约（与分家相关的经济约定）8种；涉及婚书、婚契及供养父母、岳父母，幼儿关系的契约有招赘书、卖主婚书、尚门合约字、供约字、嗣书、付字嗣、卖婚书或休书等7种。由上述所列文书种类所见，并不是严格意义上的契约文书，但均以契约格式书写，很难排除其契约的属性。样稿中的文书涉及民众社会的经济与日常生活，这些文书汲取了契约特色，与生活细事结合，形成了具有地方特色的民间文献。比如"狗割字"就是古代福安县一种有特点的契约文书。在福安，土地出典后，双方除了签订典卖契外，对于具体的田租与利息收取，还签订专门的"狗割字"契约，约定至庄稼收获时，典主邀请银主到田监管，"照凭谷时价本利俱收明白"，典主承诺"不敢欠少，如少欠，照例行息，不负字照"（图2-13），这样的契约在闽东以外的地区很少见到。

又如，民间典卖婚对于上门夫的权利与义务，有专门的契约进行规范，称为"尚门合约字"，契约范本这样写道：

立合约字。卢经才凭媒邀到龙门里岳厝登门成亲。面约卢与岳同居共灶，供给岳家全家伙食。一十二年

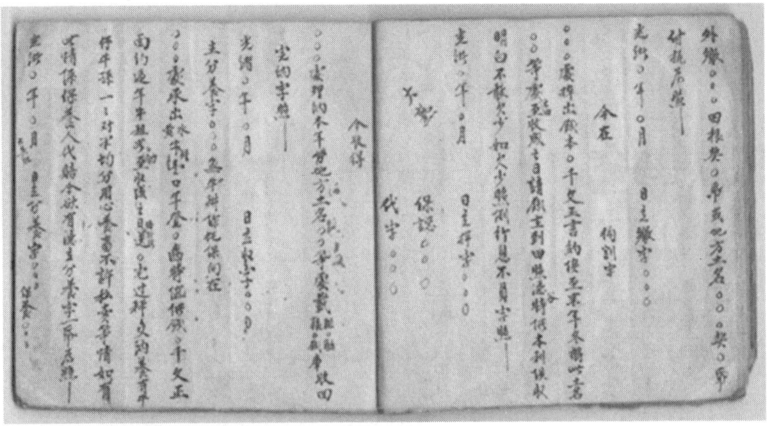

图 2-13　福安咸丰至民国契约样稿“狗割字”契约示例

足，将○氏邀回卢家，岳不得阻止之理。言约尾年月粮一一照口均分。又约光绪乙酉年前，岳家或有债，与卢家无干。乙酉年起丁酉年止。或有钱债，与卢家支理，岳家无干。倘乙酉年内要将○氏邀回，不与岳家同居共灶，供给福食。面约卢家再出聘金钱○千文正，付岳收足以为福食之资，其○氏听卢家自便，如无钱交足，其○氏不得邀回。所约是实，今欲有凭，立合约字一纸各执为照。（契尾略）[1]

这则契约样稿是在夫招夫婚的拟作稿样，稿样中显然照顾了上门夫的面子，将"上门"写成了"尚门"。文书对人物作了虚拟建构，分别是上门夫卢经才，在婚夫岳氏，以及招婚妻○氏。卢氏作为上门夫与岳氏同居共灶，共同拥有○氏作为妻子。作为交换条件，卢氏必须上门 12 年，其间营生持家，包括产生的债务，均由卢氏一力承担，12 年后可以带○氏离家成亲。契约范式明确规范，具有可操作性。

"列字"契约式样列出了借贷双方所结账钱债与利息账目，声明"列字"中账目结清后，契约中止。"供约字"是典卖妻契约的样稿，内中展示了买主同意所买的妻子可以

1　范本由福安市林志锋提供。

带前夫之子随门供养，成年后回归前夫家延续香火的写作式样。样稿中所举清代至民国的契约写作范式，不仅可见产权交易的签约，也具有精神层面的许诺，反映了契约表象下的中国古人对于契约的认知与理解。古人对于契约精神的理解，表现形式很多，举其要者，有以下几方面。

首先，以践诺评判个人诚信。信守诺言之人被认为是靠谱和诚实之人，往往有着极佳的口碑，在传统社会被认为是一种美德。诚信守诺的例子不绝于文字的记载，起到社会风气的表率作用。被明太祖朱元璋誉为"开国文臣之首"的宋濂，幼时嗜学，由于家贫，"无从致书以观"，只能"借于藏书之家"，借书时与藏书之家约定时间，"计日以还"，由于其"录毕，走送之，不敢稍逾约"，信守承诺准时还书，所以人们都愿意借书给他，宋濂也就"得遍观群书"[1]。宋濂的故事也就成为信诺的代表，被广泛传颂。

其次，视承诺为严肃，不可随便调戏。人们熟知的"曾子烹彘"的故事，被认为是童叟无欺的诚信榜样。明代初年人范立本杂糅儒、释、道三教学说，编撰《明心宝鉴》，全书分为上、下二卷，共20篇。《明心宝鉴》将明代之前中国先圣前贤有关忠、信、礼、义、廉、耻、孝、悌

---

1 宋濂：《送东阳马生序》，上海辞书出版社文学鉴赏辞典编纂中心：《诗词文曲鉴赏·古文》，上海辞书出版社2020年版，第231页。

等语录进行汇集，教授人们品德修养、修身养性、安身立命之道。全书劝善立信，导引人心，启人心智。《明心宝鉴》于明朝初年开始刊行，是中国较早出现的劝善书、童蒙书。虽然该书的中国原始版本已经佚失，但被翻译成英语、越南语、西班牙语，在日本也有音译本，中国诚信故事随着该书的传播而传至全世界。

《明心宝鉴》记载了几则诚实守信的故事，其中有一则与朝鲜半岛有关，即平冈公主与傻瓜温达的故事，故事原载于《三国史记·列传第五》，讲述了高句丽平原王吓唬女儿平冈公主的故事，范立本将这个故事编入《明心宝鉴》，借此说明诚信不仅重要，也可以得到福报，引导人们不可将诚信视作儿戏：

> 高句丽平原王之女幼时好啼。王戏曰：以汝将归愚温达。及长，欲下嫁于上部高氏。女以王不可食言，固辞，终为温达之妻。盖温达家贫，行乞养母，时人目为愚温达也。一日，温达自山中负榆皮而来，王女访见，曰："吾乃子之匹也。"乃卖首饰而买田宅器物，颇富，多养马以资温达，终为显荣。[1]

---

1 （明）范立本：《明心宝鉴》卷之上《安分篇第六》。日本音注抄本，暨南大学侯兴泉教授提供。

最后，承诺具有公开性，接受社会监督。在如今的福安狮峰寺大厅石柱上，我们依然可以看到镌刻的乾隆五十七年（1792年）所立的寺田契，吴上然诚信捐地的故事在此昭示，柱契这样写道：

> 乾隆四年间，祖辄五公手用银向郑上如买置苗田二号。坐落二十四都柏柱地方，土名虾蟆头并下浿溪角，共载租五十四秤大。但此田原系狮峰寺产，当日授受，毫不知情。兹因五十七年清查，然特向伊孙樑□益，伊胞叔孀郑万氏立断。情愿再给印（银），将本田仍归□伽蓝。万年香火，祈保子孙兴盛吉祥，向后两家不得□将此田私卖郑家子孙，□不得别生异言。固特书之，以志不朽云。
>
> 乾隆五十七年五月□日
> 信士二十七都溪柄吴上然仝侄文集题
> 又号厝西田六斗，仍归本寺香火二十四都
> 柏柱信士林祥发 [1]

契约叙述了乾隆四年（1739年），在寺院不知情的情况下，辄五公从郑氏家族中购买了被侵吞的狮峰寺地产，

---

1 《乾隆五十七年五月福安狮峰寺柱契》，现藏于福安狮峰寺大厅。

图 2-14 乾隆五十七年五月福安狮峰寺柱契

后经乾隆五十七年清查寺产发现，信士二十七都溪柄吴上然仝侄文集将寺产回购，归还寺院。另一信士林祥发又将厝西田六斗献给寺院作香火田一事（图2-14）。

人们将契约视作诚信精神的载体，在古代经济活动中，人们为了保护自己的产权，通过各种形式，将契约公开展示，比如将契约记载的族产抄录入族谱，刻于祠碑上，对民众进行广泛的周知，希望通过各种各样的形式，保护自己的合法利益。通过人们的努力，契约必须践行的意识在民众中普遍建立，这些例子在民间普遍存在，试举几例加以说明。

与族产相关的契约是家族财产的重要存证，是在立契人、承契人、中人、族人四邻见证下签署的具有民法效应的私家文书，虽说具有公开性，但这种公开毕竟限于参与契约拟制的知契人。随着时间的流逝，契约多次转手，又随着家产析分，原先契约界定的族产，有可能变为私产。为了明晰族产权，将之与私产分开，宗族在修纂总谱时将与族产相关的契约，或全部或摘取部分抄录入族谱，支房修纂者也依照族谱将支房重要的不动产列入支谱。但因为族谱是宗族的私家文书，不轻易示人，这种公开只有族内人明了，不为社众所知，由于涉及所有权，有必要为外界知晓，所以，宗族将涉及与外族之间产业纠纷的族产，或同宗分支后明晰的族产，镌刻于石碑之上，立于宗祠、支祠内或最显眼的地方，公之于众，昭示族产所有权，这就是民间所说的"立字为碑"，以示其产权的神圣不可侵犯。

周宁县七步镇小（秀）郭洋村陈氏宗族宗祠留存有石碑一通，见图 2-15 嘉庆十九年（1814 年）山场历断契碑[1]。

碑刻最后一字看不清楚，上写"县历断契照山□"，为嘉庆十九年十二月 日所立。显然，这是一通县衙依契而断的断山碑照，碑文记载了嘉庆年间陈氏与张氏家族关于山场纠纷过程，以及县官对山场的裁定。碑中的内容大致如下：

陈氏祖父陈再发于万历十三年（1585 年）以 3 两银的价格向林贞购买了萧家甲下山场。该山场虽名为萧家山场，但实质上为林贞所有，是林贞诡寄的产业，税粮由萧氏代纳。山场坐落小郭洋，碑文显示，"该山东至直下天池岗，（以）尾坑口为界。北至白莲坑陈家山，南至溪河，西至南峰岗为界，四至分明"。双方签订有契约，陈氏购买山场后，将此次交易情况写入族谱，加以文字说明，并将部分契约条款抄录入族谱，见图 2-16[2]。

1 碑刻《县历断契照山□》，现藏于周宁县七步镇小（秀）郭洋村陈氏宗族宗祠。
2 咸丰六年《新修小郭洋陈氏族谱序》，原件收藏于周宁县小郭洋村陈氏宗亲会。

图 2-15　嘉庆十九年山场历断契碑

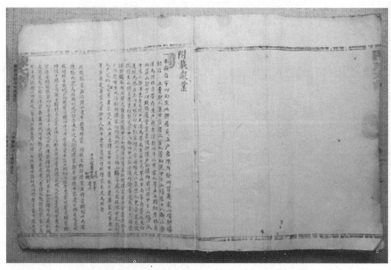

图 2-16　咸丰六年《新修小郭洋陈氏族谱序》示例

根据碑刻与族谱的比照，我们得知，此山场原有四斗二升地丁浮粮，由寄存户萧氏家族代纳，山场出卖后，转由陈氏名下众丁"入户匀纳"，进行分摊。山场产权转移后，契约规定陈氏家族有权管理山场，并且可以"扦穴造坟培口（植）"，进行林业生产。山场内有张氏家族坟墓六口，山场出卖时，张氏以每两口坟一两银子的价格，经县衙吴主簿见证，交付萧氏，买断产权。陈氏的做法引起张氏不满，乾隆七年（1742年），陈氏将山内一处转包给廖家栽种靛青，两家由此产生纠纷，进入诉讼状态。县令以山南河坑为界进行判批，将"自坑之南为张山，自坑之北为陈山"，这一判断引起陈氏的上诉，官司不了了之。嘉庆三年（1798年），因林贞绝户，陈氏从萧氏家族中断买山场。张氏将陈氏诉至县衙，经县令审断，判定山场判归陈氏所有，张氏败诉。嘉庆十九年十二月陈氏家族将事情来龙去脉刻入石碑，立于宗祠前，其后写入族谱，同治六年（1867年）重修族谱时，再一次抄录入谱。

在闽东和闽北地区，人死入穴，归之尘土，实行土葬，人们立契购买穴墓，安葬逝者。入葬时，有些逝者家属尚不放心，仿照契约形式，镌刻"墓契"，向山神土地、阴间司神购买墓地，延平乐高嘉靖买地墓契如此写道：

墓契壹道

大明国福建承宣布政使司、延平府将、乐高滩都市心保。亡过萧珠公存命前，丙午年十月二十一日未时受生，享春秋六十一载。不幸于丙午年七月二十四日而辞世。

在日象。白鹤仙人，寻龙点卜，茔元宅兆。坐落地名下坊，正是酉山，行龙发脉，金龙到首。巽巳立向，发源坤申，临官贪狼。潮堂水流，癸转丑艮，乃上御街，悠悠而去，便成大地。今将四至开具于后，东至甲乙，南至丙丁，西至庚辛，北至壬癸，上至青天，下至墓底，中间正穴。其地隐隐隆隆而来，明堂宽阔，水秀湾环，龙虎端正。仓库重重，星峰叠叠，水口交砂，山头连接，可作千年之吉穴，永为万世之佳城。备办价钞玖拾玖万玖仟玖佰玖拾贯玖佰文，凭中人张坚固运赴开皇地主案前交足，牲口、酒礼、心香共为信契，准收明白，当台阁给领墓契一宣，付亡公萧珠收执，永远为照。

金鸡鸣，玉犬吠，庇荫子孙绵绵富贵。富者产贯增崇，贵及辅相君王，丘丞墓伯封步将军，界齐畔道。所有一切山妖石怪，故无伏尸、土木等精，先有居者，永避万里，不许侵占。如有故违此约，仰阿禁猛烈将军擒拿，押赴九天玄女律令施行。

大明嘉靖二十六年岁次丁未闰九月十九日吉时

立契人：开皇地主丘西湖（福）

知契人：李定杜（禄）

为中人：张坚固（寿）

在见人：蒿里阜老（富）

代书人：水中鱼（贵）

读契人：云中鹤（□）

大上乾元亨利贞

鹤在天　　鱼在渊　　视不见　　听不闻

乾　坎　艮　震　巽　离　坤　兑

四　灵　神　君　八　卦　大　神[1]

墓契显然充满神诞，但契约的书写形式与阳间之契如出一辙，反映了深植于百姓头脑中的契约思想。

契约文本中体现出的承诺与诚信原则，在画押方面也有充分的体现。三国以前，人们在竹简上刻、写书信，卷口处施以封泥，加盖官、私印章，以示权属的确认。三国后，书写材质产生变化，刻、写在竹木简牍上的文字，转变为写在纸上，人们便在契纸上加盖印章。由于印章容易

1　未刊文献：《延平乐高嘉靖买地墓契》。

图 2-17　延平乐高嘉靖买地墓契

被假冒，至宋代时，人们根据自己的姓名特征，设计了一种花写字体，雕刻于石材之上，在土地买卖时进行盖章，成为花字章，这种印章有不易模仿的特点，是盖章人取信别人的凭记，这种印章被称为"花押印"。但毕竟印章容易被临摹假冒，也存在雕刻的不易，不是一般民众所能拥有的。清代，随着个人经济活动的增加，人们设计了花字，花字普遍出现于南方的契约文书之中，在石仓、福建、广东、广西、西南等文书中，均可见到大量的花字使用于产权交易。在明清时代，契约的签订需要延请中人、代笔人、亲朋族邻进行见证。如果典卖的土地面积大，或涉及个人重要的财产交易，契约签订后，买家或卖者还需要宴请众人，仪式庄严。闽东的老人告诉我们，民国时期，契约签订仪式的最后一项就是画押，即写花字，花字的形式多种多样，清人的花字是由自己或请人设计的手写字体，一般情况下没有文化之人画押比较简单，圆圈中间加一横，或者加一横后上下点一点就算花押字，容易被假冒，如图2-18 花押示例。

图2-18　花押示例

有文化、有权势之人，对花字进行设计，形成自己的签字标志，画押时填写上。画押中的花字代表着一个人的承诺，是许诺证据，信用的标志。也是中国古代印章制度残存于民间的见证。契约拟就后，经参与诸方审核认定，若没有问题，就可以画押，形成终稿。通常，契约的内容由代笔人进行书写，包括立契人、中人、在见人等，契约拟就所有参与人的姓名，也均由代笔人代写，成契时，参与人只需在自己名字下方画押确认即可。当代人常见的画押方式是按指模，但古人在签订契约时的画押方式是签署花字，花字是签字人对自己行为予以确认的证据，也是契约签订参与诸方共同认可的辨别真假的凭证。花字可以是自己设计现写，也可以是盖字人受花字主人委托代为盖章，但如果是授权盖章，花字的来源必须广为周知，福建省屏南县周佳山村胡氏家族保存的一则"立花押凭据"就反映了这种情况：

> 立花押凭据江增业。缘因自己之号从前俱是花押，今因身有生疮毒，有兼小恙在身，祈其手浮动不能画押，只因便号（是）圆圈之号，但系业主胡长侣。恐后失记多言，今特再立花押凭据付侣存照，向后免致争口，今欲有凭，敬立花押为据一纸为照。

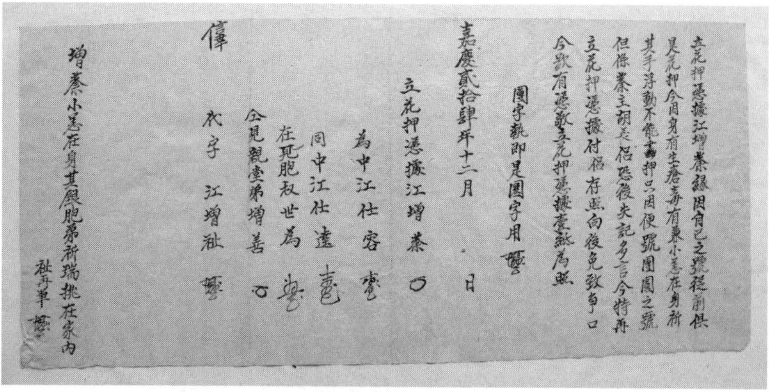
立花押憑據江增桊緣因自己之號從前俱
是花押今因身有生瘡毒有兼小恙在身祈
其手浮動不能畫押只因便號圜圜之號
但係桊主胡差侶恐後失記多言今特再
立花押憑據付侶存照向後免致争口
今欲有憑故立花押憑據壹紙為照
圜字執即是圜字用 押
嘉慶貳拾肆年十二月 日
立花押憑據江增桊 押
為中江仕容 押
同中江仕達 押
在見胞叔世為 押
仝見親堂弟增善 押
依字 江增社 押
偉
增桊小恙在身其展胞弟祈瑞批在家内
社再筆 押

图 2-19 嘉庆二十四年江增业立花押凭据

团字执即是圈字用：

嘉庆二十四年十二月

立花押凭据江增业（押）

为中：江士容（押）

同中：江士达（押）

在见：胞叔世为（押）

同见：胞堂弟增善（押）

代字：江增祉（押）

加批：增业小恙在身，其银（印）胞弟祈瑞挑在家内。祉再笔。[1]

图 2-19 花字章据的故事告诉我们，佃农江增业佃租业主胡长侣的田地进行耕种，因为没有文化，自己使用的花字是⬜，但处理与土地相关的如代纳田赋、代业主签字等事务时，便使用与业主约定的花押字⬛。因为手疾，身有小恙，江增业担心日后失记，忘记了花押的写法，需要刻印代替手签字，郑重其事地延请中人、胞族进行见证，说明自己已经刻好、放在胞弟祈瑞处的花字印章为真章，可以代替手写体使用，将立好的花押凭据交与业主胡

1　未刊文献：《嘉庆二十四年十二月江增业立花押凭据》，收藏于周宁县博物馆。

长侣收存，个中缘由如此，所以我们才得以在周佳山村胡氏家族发现这一件文书，而不是在江氏处发现。

有意思的是，古代的女性也拥有自己的花字，光绪二十八年（1902年）三月福安柏柱洋长富村章十公家族析家阄产，惠房媳吴氏在分家书上画上了自己的花押，见图2-20。吴氏的花押很有特色，似一朵玫瑰花。

相对而言，花字在北方的使用情况较少，画押基本采用自己签字，或代签字后，在名字上按指模的方式确认自己的行为，也有在名字上加盖私章或公章的做法。比如作为官方认可的红契，河北地区契约中的立契人、在见人、中人、证人都是自己签字，或在已经签好的姓名上盖官印或私章，比如《太行山文书精粹》中的《平顺豆□张廷相卖地死契》[1]、《高平县张兴、张永成、张东成卖地永远死契》即是如此。私契大多为只签名不压指模，或压指模、盖私章等形式，比如道光十二年（1832年）《郭承义、郭绍义卖地永远死契》[3]，同中人只有姓名而没有指模。同治二年（1863年）《南和县王祖会卖地字据》[4]采用了加盖私章

1　康香阁主编：《太行山文书精粹》，文物出版社2017年版，第48页。
2　康香阁主编：《太行山文书精粹》，文物出版社2017年版，第55页。
3　康香阁主编：《太行山文书精粹》，文物出版社2017年版，第56页。
4　康香阁主编：《太行山文书精粹》，文物出版社2017年版，第58页。

图 2-20　吴氏花押示例

的形式。乾隆五十二年（1787年）《程其财卖地契》[1]则是立契人在契约代字人所写的姓名上按压指模予以确认。无论是南方地区的花字，还是北方地区的画押与按手指模，都是承诺认证的标志。

在福建省周宁县，契约与诚信早已深入人心，不仅家家户户保存着以"契盒"为中心的家族文书，人们也将诚信精神带入现代，改革开放以来，周宁人前往上海从事钢材批发业务，因具有诚信的良好口碑，在从业地区得到普遍的尊崇和信任。

在周宁，民间流传着众多契约与诚信的故事，廊桥的修建就是著名的例子（图2-22）。闽东山高涧深，山路崎岖，人们在深涧相对狭窄之处，构建廊桥，在通行的同时可为人们遮风挡雨，由于廊桥"翼翼楚楚，无处不堪画面"[2]，成为山中一道独特的风景。但是廊桥的建造并非易事，需要建桥者的通力合作，周宁人在建造廊桥过程中形成了一套公开、公正的诚信体系，保证了廊桥建造的顺利进行。周宁县秀坑村（清属宁德县）张氏家族是远近闻名的造桥世家，他们所造的廊桥广泛分布在闽东山区、闽江流域、浙南山区。张氏家族建造廊桥的工艺出众，建桥管

1　康香阁主编：《太行山文书精粹》，文物出版社2017年版，第54页。
2　周亮工：《闽小记》，上海古籍出版社1985年版，第30页。

图 2-21 2018 年 11 月 "契约与诚信闽东" 全国学术研讨会在周宁县召开

理公正严谨。张氏家族深知在艰苦条件下进行建桥工作，如果不能兑现承诺，很难凝聚人心，进行团队合作，所以在建桥前，参与建桥的各方就通过协商，签订造桥条约与协议，对参与造桥的各方利益与义务进行约定，以契约的形式保证了建桥的顺利进行。我们可以通过汤寿桥的建造，看张氏家族在建桥过程中所体现的契约与诚信精神。

汤寿桥"旧名杨桥。古田路闽清界下"，位于古田县水口镇嵩溪村与闽清县汤兜村交界处。始建于宋，明代时"厥广可四轨，修几三百武。为亭三十有七间，翼以左右，遮蔽风雨。桥头有祠。其竖若砺，其矫若虹"[1]，规模宏大，是古田县一座重要的桥梁。明清时期多次损毁，根据道光十七年（1837年）签订的桥约可知，在六十年前曾被大火焚毁，致使往来两岸商旅无法通行。由于山高水急，当地的建桥者没有办法营造桥墩，只能延请秀坑村张氏家族帮助，双方商议签订以下桥约，协约有言：

> 立合同议约。古田县董事蒋鸣珂、丁登雁、丁梅、□□□、丁堂等。今有汤寿桥，地隶闽清之□□，乃古屏与闽清所必由之路。前缘被火焚烧，稽今六十

---

1 乾隆《古田县志》卷二《桥渡》，《中国方志丛书》，中国台湾成文出版社，第43页。

图 2-22　周宁县泗桥乡廊桥

余载，官府公文往来担（耽）误。商集同志，立誓神前，协力题捐，选请宁德县秀坑地方□匠张成云前来重建。汤寿桥首尾共计五坯，云先建水门一坯，十丈零，包成坚固。所有木栏杆及桥板供云办理，其食用工资、花彩、月福、小工等一（并）在内，面约价钱一百五十千文，任云陆续支用。铁丁、缆篾、盖龙在外，其木料系董事讨工搬运到厂锯板，无董事雇用锯工赴用。俟水门一坯完竣，工资交清，不少分文。倘有板片未完，铺排未密，议扣工资贰拾千文。云不得因包工潦草了事，及昔约加□。工资自领之后，务须小心建造，落成之日，勒石书名，两允无悔，今欲有凭，公立合同议约一纸为照。

外约：月福三次，给钱壹拾千文付云前去自备。更有二门未经定，俟水门一坯完竣，另外再议，再照（押）。

道光十七年五月 吉日

公立合同议约：蒋鸣珂

丁登雁（押）

丁梅（押）

□□□（押）

丁堂（押）

在见：曾志拨（押）

（契约中缝上写）合同议约大吉。[1]（图2-23）

从古田县修桥董事会与秀坑修桥世家张成云双方"立誓神前"所签订的契约看，契约的签订非常慎重。由于修桥难度极大，汤寿桥重建共有5个水门桥坯，上则桥约签订的是1个水门桥坯的工程。双方约定，一个水门桥坯建好，进行评估，再商议其他4个水门的建造工程，由此可见作为工程发包方的慎重。契约以一百五十千文的价格将工程承包给包工头张成云，所有的工程用工材料和人员均由张成云负责，工程修建过程中，张氏拥有绝对的自主权，但发包方拥有监督权，要求张氏"务须小心建造"，不能"潦草了事"，否则将受到"议扣工资贰拾千文"的处罚。契约以"合同议约"的方式签订，规定了双方的权利与义务，合议体现了双方修桥的意愿，是在平等基础上形成的条款。

张氏家族在修造桥梁的过程中，很注重合同的践行，除了上述道光年间的桥约之外，在同治年间签订的桥约（图2-24）也反映了双方合意的契约精神，约定写道：

---

1 未刊文献：《寿宁县桥约》，《光绪二十七年九月蒋鸣珂丁登雁立重建汤寿桥约》。

图 2-23 清代寿宁桥约示例一[1]

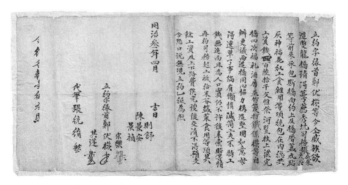

图 2-24 清代寿宁桥约示例二

---

1 本文所用的寿宁县桥约，包括影印件，由寿宁县博物馆前馆长龚健提供。

立约字缘首郑伏横等。今仝戚族欲造双龙桥，请得萼荐秀坑司务张成来、成次等前来承包斯桥。面约上及桥厝盖瓦粘灰。神福、花红、工食杂用等项统包在内，总共工资钱四百陆拾千文。惟祭河、竖柱、上梁、完桥四次福礼酒席，并竹篾、打铁系横等自办。更议两造桥，同心协力，构建坚固如意，毋得潦草了事。倘有懒惰减简工夫，不特工钱无追，而且为人口实，仍不许复来索赔等情。再约司务起工，抵给米谷盐菜食用等项。其余工资及上下路费，俟完竣后交清，不得预支，今恐口说无凭，立约一纸为照。

同治三年四月 吉日

立约字缘首：郑伏横、宗乐、其蓬

陈景舒、景安、景祯

代笔：张统育

张氏家族契约文书，证明了中国古代民间契约精神具有的诚实与合作性对于中国古代工匠精神的塑造具有重要的作用。

综上所述，从契约的发展史，以及上述所举民间种种生活实态例子，我们可以看到，中国古代契约精神依附于契约文书的发展，经过民间生活实践，逐渐形成了具有承诺的可行性，契约的公开性，执行的严肃性等特点的契约精神，这种特点不仅体现于农业社会，也体现于古代的手工业领域，对中国古代社会形成了持久的影响，那么这些特点是否可以代表中国古代契约精神？答案是否定的，这些契约特质只是契约精神的一部分，不能以偏概全，我们还要对契约与经济社会、民间生活、社会治安秩序等进行综合考察，才能对中国古代契约精神进行全面的总结，笔者将在以下篇章渐次展开论述。

第三章 "约""合同"与经济诚信

经济社会是围绕人们的经济行为构建起的社会，是经济与社会多种因素之间互动而形成的秩序，经济社会可以从宏观层面上影响社会发展，经济社会关注的主体是人，通过社会人的经济活动，从微观层面上反映一个区域，甚至一个家庭的经济行为。相对而言，社会经济是一个更广泛的概念，不仅涉及经济层面，而且包括构成社会的各种元素互动产生的经济活动，以及社会诸因素在经济领域中的互动。

良好的经济社会是有序社会秩序的体现，而社会秩序包括政治秩序、经济秩序和社会稳定秩序。政治秩序是顶层设计的结果，统治者可以通过不断调整法律和相关的政策，去"巩固社会和社会秩序"[1]，如果没有外力的冲击，传统乡村社会秩序很难产生突变。影响乡村社会秩序的因素除政治因素之外，最重要的是经济秩序与乡村社会稳定秩序，三者共同影响了民间经济社会的稳定。

封建社会中，国家将契约与赋税进行捆绑，通过契约控制乡村民间经济行为，并将对契约控制的力量，渗透至宗族，通过控制宗族，引导乡村社会实现经济的有序运行，从而形成良好的社会秩序。社会经济秩序的建立，正是在民间经济运行的内部力量与政府及宗族的外部力量共同作用下达到的一种平衡，正如英国哲学家 T. 霍布斯所说，"并非一种从外部强加给社会的压力，而是一种从内部建立起来的平衡"[2]，这种通过宗族的力量建立的平衡，除民间契

1　参见瞿同祖：《中国法律与中国社会》，中华书局 1981 年版；卞利：《国家与社会的冲突和整合——论明清民事法律规范的调整与农村基层社会的稳定》。二位学者认为衡量农村基层社会是否稳定有三个方面指标和要素：经济稳定、政治稳定、社会稳定，它们"共同构成了整个社会的大稳定格局"。瞿同祖、卞利均从法制史的角度去探讨法律对于社会的作用与影响。前者认为传统社会的法律制定的目的是"巩固社会和社会秩序"。后者认为清代统治者通过不断调整民事法律，通过"律""例"结合，扩大后者的比重和适用范围；构建"诸法合体，民刑有分"体系，为农村社会的稳定铺平了道路，并且认为"明清时期统治阶级对民事法律规范的调整，对维护社会稳定尤其是农村基层社会稳定"起到了极其重要的作用，强调了法律调整对于乡村社会稳定的意义。

2　［英］哈耶克：《自由秩序原理》，邓正来译，生活·读书·新知三联书店 1997 年版，第 183 页。

约具有核心作用外，与之配套的"约""盟""合同""赔赃书"等民间协调文书也一同发生作用。

清代中期开始，政府除了以契约建立起乡村社会共同遵守的经济准则，维持经济秩序的安定外，还仿效契约的做法，建立起一套对扰乱社会治安的行为予以惩罚的机制，比如，明清代的里甲、保甲制度，不仅具有征收赋税的功能，也具有维护社会治安的作用，这些制度与民间自发形成的协调与赔赃惩戒机制，有效地促进了稳定的社会治安秩序的形成，使乡村社会处于一种持续的均衡状态中，这种均衡虽然"不时被外部力量所打乱"，但新的均衡又会很快地建立[1]，正是有了以契约为主体构建的社会治理体系，清代至民国时期，基层社会正常功能才得到有效的维护。

"约""合同"与乡村经济秩序

民间契约中以单契数量最多，单契主要发生于土地与财产买卖的单向性交易行为中，契约由卖主立契，只书写一份，在参与者的共同见证下，交给业主收执，具有唯一性，是产业转移的凭证，表现出来的是单契的特征。单

1　林耀华：《金翼——中国家族制度的社会学研究》，生活·读书·新知三联书店 1989 年版，第 5 页。

契明晰了所有权，但是契约可能还存在一些尚未涉及的条款，有一些细节需要补充，所以，买卖双方在契约签订后，仍然存在着就契约落实与细节实施进行再协调的过程，特别是一些涉及众产的个人财产，并不是产权简单的转移，而是牵涉到第三方的利益，是你中有我，我中有你的共产，需要双方或多方进一步商议，由此产生各种约定，形成了各种"约""合同约""合同"等文书，这些文书互相交错使用，共同构成了契约实施的全环节。这些围绕契约而产生的关联文书，它们之间有哪些异同点，如何在经济活动中发挥不同的功能？这正是本节需要展开讨论的内容。

一、"约""合同"种类与功能

民间文书中的"约"在契约类文书中的数量仅次于单契，以《闽东家族文书》第一、二辑为例，"约"有204件，40件为合同约与合同，二者只占契约文书中很少的一部分，但其起着补充契约功能的作用，不可忽视。

（一）"约"。民间的经济往来，往往先是口头约定，经确认后，将这些约定，加以文字上的记录，再通过证人加以认定，作为以后双方践约的依据，即是"约"。"约"作为民间文书的一种，广泛存在于社会与经济领域，以闽东文书为例，民间文书中的"约"大概包括以下几类。

1. 山林、房屋、田产典卖约。主要有：承山（田）约、回赎田约、卖轮田愿约、付田约、付众田约、定田约、立根田批合约、当田约、祀田耕种约、管业合约、退田约，涵盖了几乎所有土地典卖、当退的环节，"约"虽然不以单契形式出现，与土地买卖契约相比签署方式也相对简单，但往往针对一事一约，更具操作性。

2. 兑驳使用约。这类"约"大多涉及山木、田产、房屋、池塘、地基的兑驳使用，主要针对使用权的交换，名称众多，有田亩永远约、兑驳约字、园坪约、对地基便约、兑屋坪基地合约等。

3. 个人钱谷往来，田产赋税交付之约。这些"约"大多是涉及田产管理归属权的归管约、付田约等，有些"约"涉及契约中交谷交粮时限，田租利息的结转等细节的补充，立约谷字、遵依和交合同约字、付约字就是此类。《闽东家族文书》第二辑收录有"崇祯十七年（1644 年）八月初七徐颉八立丁粮文约"，记载了明末之前，寿宁县纯池乡徐颉八生下六兄弟，丁粮六房分派，至崇祯年间，徐氏宗族"人丁繁盛"，出现值年不清，"差役不从"现象，为了改变这种局面，徐颉八宗族宝房与亮房约集各房支房长进行合议，签订合约，合约建议整顿房支，将房支分为天、地、人三房，各房轮值交纳税粮，合约一式三份，我们见到的是人房合约[1]，这类以"约"的形式，针对丁粮交付制订的文书，具有可执行性。

4. 宗族与共财众产合约。主要对众产使用进行约定，比如公议合约、公约字、合约字、劝合约、立均约批屋、兄弟立分田耕种合约、分阄约（较多出现）、分屋约，较多地对共有的土地、房产各自的权属部分进行界定。建宗祠议约、承任祠首赛会、水利合约是对公共设施投入进行募集的协议，还有规范族人行为的"一族合议盟约"、众人约、阄簿据约等。

5. 借贷约。类似个人借贷往来的借条，但比借条详细，双方约定借资时间、利息、违约处置等，名称有借葬资约、借钱约、找贴借钱约、取息合约、借谷限约（限定还谷期限），还有土地买卖完成后，需要缴交上手契的缴契约。

6. 民间调解、协调家庭事务、维护社会治安约。这类"约"比较多，有劝息纠纷的和息约、和合息约，有落实分家协议的立遵字约、分阄约，有契约丢失充作废字，用于契约丢失声明的充约字，还有维护社会治安的各种赔赃约，与典卖婚相关的招赘合约，等等。

1　周正庆、郑勇主编：《闽东家族文书》第二辑《周宁卷》，"周宁县纯池乡纯池村徐氏家族"文书，广西师范大学出版社 2021 年版，第 3 页。

上述所列，我们可见"约"所涉及的内容广泛，可以分为土地典卖约、个人经济往来约、社会生活约三大类，多见于田产使用的约定，契约实施细节的补充，个人或公共财产使用的规定等。这些约大多按契约的形式拟制，有些也以手条的形式出现，比如光绪二十五年（1899年）十二月二十七日陈秉本立约谷字 [1]（图 3-1），虽然约中声称是合同，但是以"约"的形式签署条款，实际上是立约字人陈秉本和转租人黄振声（兼代字人）的私下约定。光绪二十五年十二月，黄振声将他原本耕种地主张兆宽的土地进行转租，双方约定转租的时间是一年，即庚子年（光绪二十六年，1900年）至辛丑年（光绪二十七年，1901年），属于短租行为，张兆宽是否同意不得而知，陈秉本找了个族亲陈秉游见证，答应转租一年，到期后，陈秉本将 13 石青谷地租交由黄振声代交给张兆宽，至于黄振声交给张兆宽多少地租我们不得而知，但明显黄氏是不做亏本生意的，当中肯定有差价。这则"约"之简略，就像两人私下约定，找个见证人，写个条子作为凭证，签字画押条约就拟成了，条约的签订很随意，如果产生纠纷，很难被采

1　周正庆、郑勇主编：《闽东家族文书》第一辑《周宁卷》（下），"周宁县李墩镇楼坪村张氏家族文书二号抽屉"，"光绪二十五年十二月二十七日陈秉本立约谷字"，广西师范大学出版社 2018 年版，第 66 页。

图 3-1　光绪二十五年十二月二十七日
陈秉本立约谷字

为信证。

（二）合同。包括"合同约（字）"，各种合同字据、凭条、合同公议和合同等文种。

1. 合同约。民间文书中所见到的"约"，内中随处可见合同字样，也有"双方各执一纸"之称，因其随意性，民间仍然以"约"名称进行文书的签署，以"合同约"名称签署的文书不多。《闽东家族文书》第一、二辑中收录标以"合同约"签署的文书只有9件，其中同治2件，光绪2件，民国4件，1952年1件。见表3-1。

表 3-1 《闽东家族文书》第一、二辑"合同约"一览表

序号	时间 / 名称	内容	资料来源
1	2-8-008 同治二年十二月杨云浪杨云增立兑仓楼基合约	杨云增、云浪两兄弟立约与叔仓楼地基兑换使用	第二辑《柘荣卷》"柘荣县英山乡英山村杨文乐家族"文书，第 628 页
2	2-8-009 同治六年九月杨光忠等立公议合同约	杨氏宗族成员对族田田租的收取与使用的约定	第二辑《柘荣卷》"柘荣县英山乡英山村杨文乐家族"文书，第 629 页
3	3-4-031 光绪十三年二月应春、应林、应滔立对便合同约（残件）	粪栏的兑换使用	第一辑《寿宁卷》（下）"寿宁县清源乡童洋村刘氏家族"文书，第 157 页
4	3-4-036 光绪十三年六月十八日绍云、绍冬等立对便合同约	孙绍云兄弟立约将共有的园地及园外空地，与堂孙地坪兑换使用	第一辑《寿宁卷》（下）"寿宁县清源乡童洋村刘氏家族"文书，第 161 页
5	1-3-59 民国二年十一月张高朋立遵依和交（处）合同约字	张高朋等七人与张兆宽房屋纠纷和解约	第一辑《周宁卷》（下）"周宁县李墩镇楼坪村张氏家族文书四号抽屉"，第 203 页
6	2-1-147 民国五年十月游生炳、游上生立判批合同约	游桂梁将祠田另判彭乌弟，再判给族人游建波的公约	第一辑《柘荣卷》（上）"柘荣县黄柏乡南山村游再生家族"文书，第 148 页

序号	时间／名称	内容	资料来源
7	3-5-019 民国九年十一月王步鸿、步余、步衢等立依照原继承合同约决议	王步鸿与长嫂龚氏就已故长兄支嗣承继问题产生矛盾，经公议调解约	第一辑《寿宁卷》（下）"寿宁县南阳镇王龙山村王氏家族"文书，第249页
8	4-3-105 民国三十六年十月张林贵、张荣颂立合同约	张林贵与张荣颂因两家住屋修造与墙壁问题争讼，经公亲开解，签订合同约	第二辑《屏南卷》"屏南县棠口乡小章村大章村张氏、梁氏家族"文书，第389页
9	1952年杨成木立合同约	杨成木用自己的园坪兑驳游际其的田地	柘荣县博物馆杨月圆提供

合同约所见，主要涉及房产兑换使用的商约，以物物交换为主，大多不涉及买卖与钱谷的交易，是双方或多方使用权的私下约定，也是双方对约定内容的协商一致的意愿。合同约具有合众而约的意思，类似乡规民约中对民众的约定，不同的是合同约约束面限定在特定与约定利益相关的众人，或特定的人群内，比如表3-1序2是杨氏宗族成员对族田田租的收取与使用的约定，约定的对象仅限于族内与约有关的天、地、人三房族人。

合同约并不具有强制性，约中缺少契约中的权、责、利、义务，只是对事情原委，财产交易的过程进行说明。从表 3-1 序 6 "民国五年（1916 年）十月游生炳、游上生立判批合同约"可以看出，合同约更多讲述事情的经过：民国五年十月，游生炳、游上生祖上置有公田，后被族人游桂梁久佃占有，并将公田转租给彭氏家族，偷课漏税，给游氏家族造成了不少困扰。对此，族中长老游位泰"出为公议"，将该田另外判给彭乌弟耕种，三年后，耕种期满，彭乌弟嫌耕种之田离家太远，要求退耕，并退还押租钱。宗族收回公田后，将田再转佃给族人游建波，游建波将押租钱 49 千文整交给宗族，宗族将钱转给彭乌弟，要求游建波追加 15 千文，凑成 64 千文作为转佃押金，游建波拥有租佃权，依合同约每年交纳田租谷 450 斤，公田顺利转租。

图 3-2 合同约，叙述表达口语化，书写随意化，中间随意加字、修改，语句表达不通随处可见，更像是一张草稿、一张双方约定内容的备忘录。

有些合约也只是起到简单的证明作用，类似证据约。咸丰年间，福安松潭村王胜海耕种杨芳桂之田，后因土崩而放弃耕种，同村彭志富整理开垦成田，成田后，杨桂芳要求收回弃田，但必须向开垦成田的彭志富支付开垦费四百文，咸丰七年（1857 年）六月，彭志富已经身故，开

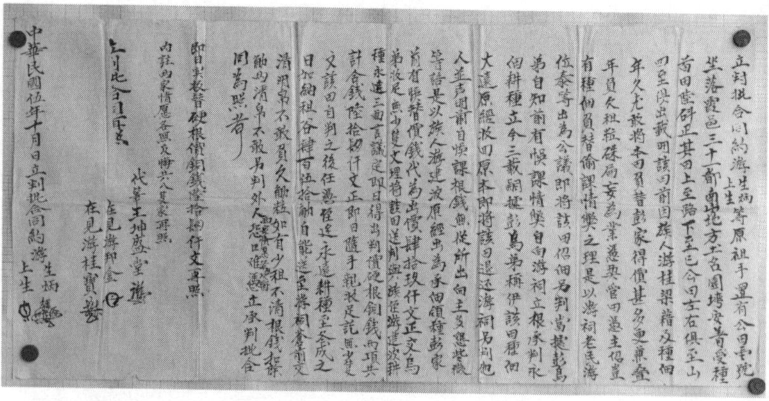

立判批合同約游生炳上生等原祖手置有公田壹號
坐落霞邑三十一都南垱地方土名園塆安着受種
苗田壹斫正其田上至路下至邑公田左右俱至山
田至俱出載明該田前因族人游桂梁籍及種佃
年久尤敢將本田冒替彭家得價甚多更兼叠
年負欠租粒碍爲妄爲業遂與官田遇主侶豈
有種佃負替偷課情弊之理是以游祠老民游
位泰等出爲公議即將該田仍佃另判當提彭烏
弟自知前有惧課情弊自向游祠立根承判永
佃耕種立今三載詞提彭烏弟稱伊該田種佃
大遠原經收田原本即將該田退還游祠另判他
人並声明前自惧課根錢無從所出向主多懇堪微
等語是以族人游建放原經手爲承佃領種彭家
前有惧替價錢代爲出價肆拾玖仟文正交烏
弟收足無少見文理將該田送判與族侄游建次耕
種永遠三面言議定即日得出判價硬根銅錢兩項共
計合錢陸拾捌仟文正即日隨手親收足訖無少見文
該田自判之後任憑侄建永遠耕種至冬成之
日加納租谷肆百伍拾觔自能送至游祠倉前交
清明弟不敢負欠觔粒如有少祖不清根錢扣除
觔兩清弟不敢另判外人 立承判批合
同爲照者

即日實收替硬根價銅錢陸拾捌仟文再照
內註兩家情愿各照文執共八字再照
立判批合同二紙
代筆王坤盛
在見游邦金
在見游桂寶
中華民國伍年十月日立判批合同約游生炳上生

图 3-2　民国五年十月游生炳、游上生立判批合同约

垦钱由王胜海代彭志富向杨家收取，王胜海收钱后开具垦约给杨氏存证，此时的"约"更多的是起到证明的作用，请看：

> 立开垦约王胜海。缘因耕种杨芳桂边苗田一号，坐落八都敢江洋地方，土名松糠亭田，俱田前年被土崩颓。彭志富开垦成田，理合归还杨家管业，央亲友向佃王边收垦工钱四百文而批立（无）误，理皆改作，而志富身故，无尤改作，乃海向桂收去四百文，合皆海立约与杨边存照，恐口难凭，立开垦约为照者。
>
> > 代笔、见：游祚苏（押）
> >
> > 咸丰七年六月 日
> >
> > 立开垦约：王胜海（押）[1]

在土地交易过程中，由于交割过户的时间滞后，在土地出卖至大造之年未进行推户过割的这段时间里，土地的产权在法律上仍属原卖主，卖主需要继续承担交纳田赋的职责，但田地的使用权已经出卖与承买者，为了明确赋税由承买者代纳，双方常签订"合约"。顺治十八年

---

1 周正庆、郑勇主编：《闽东家族文书》第二辑《福安卷》，"福安市坂中畲族乡松潭村游氏、杨氏家族"文书，广西师范大学出版社 2021 年版，第466 页。

（1661 年）五月游炳五将田卖与杨氏，内载"今有苗田土名后园程家边，受种五斗合载苗米五升，递大造之年推在杨边自去当差了纳"[1]，在没有推户之前，双方约定，杨氏的苗米由游氏代纳，这里的"约"就是一种交纳赋税的保证书。

"约"的作用更多的是对已经签订契约的落实，进行补充性的约定。比如，清代寿宁县硋窑村连昌玠在道光二十七年（1847 年）与其五子签订了下述约字：

> 立定约字父连昌玠仝男廷拱、雍、绳、超、珠兄弟五人。父言至土名黄土弄田五斗，刘家之业，廷一已跟田价之钱。兄弟六人，父母在世之日，其田从父言，共承之日共种。日后兄弟分居之日，其田照字仍归连廷一自己耕种，且（兄）弟五人再不异言之理，恐口毋凭，亲立定约字乙纸，付与廷一执约为据者。
>
> 　　　　　道光二十七年二月吉日
> 　　　　　立定约字人：连昌玠（押）
> 　　　　　　　　　　　父巳的笔[2]

1　周正庆、郑勇主编：《闽东家族文书》第二辑《福安卷》，"福安市坂中畲族乡松潭村游氏、杨氏家族"文书，广西师范大学出版社 2021 年版，第398 页。

2　周正庆、郑勇主编：《闽东家族文书》第一辑《周宁卷》（上），"周宁县泗桥乡硋窑村连兴步家族"文书，广西师范大学出版社 2018 年版，第65 页。

从约字中我们知道，道光年间，连昌玠与族侄连廷一签订有承田佃契，据连氏宗谱记载，连昌玠生于乾隆壬寅年（乾隆四十七年，1782 年），签订契约时已经 65 岁，连廷一从连昌玠的手中转承刘氏业田进行佃种，对连昌玠去世后自己所承之田权益是否得到保障产生忧虑，我们有理由相信，为了打消连廷一的顾虑，连昌玠与五子签订约字，对连廷一承诺，在其去世，或其子分家后，所承之田照耕不变。为了坚定连廷一承佃的决心，顺利转租佃田，与五子签订合约，约定"父母在世之日，其田从父言，共承之日共种。日后兄弟分居之日，其田照字仍归连廷一自己耕种"，并将所签订的合约交与连廷一收存，约字中有"恐口毋凭，亲立定约字乙纸，付与廷一执约为据者"的说明。约字条的签订只看到连昌玠签字与画押，没有看到连氏五兄弟的画押与签字，这个约定与其说是连昌玠与五子的约定，毋宁说是交给连廷一的承诺书，廷一可以作为日后出示的证据，也是对于之前签订佃田契的后续约定。

　　个人间的借贷、租押等经济来往，亲友间涉及一些小项交易，也以"约"的形式立字备忘，同治三年（1864 年）九月古田县平湖镇溪坪村胞叔达诗与堂侄上宝有数项经济来往，双方已经结算清楚，仍然立字约定，"倘若行数项漏落失记，不得言及反复再算"[1]，避免日后因结算失误而产生纠纷。

2. 合同。对于民间文书中涉及的合同，学术界没有统一的分类标准，不同地域的文书，学者的分类有所不同。以徽州文书为例，周绍泉从商业史角度将徽州文书中的合同分为分单合同、承役合同、息讼合同、商业合同四种类型[2]；刘道胜从合同性质出发，将合同与合约合并，分为"议约合同"和"禁约合同"两大类八小类[3]；俞江将徽州合同功能界定为解决常见利益问题的指导平台与解决不常见的利益关系问题的商议平台，将合同分为定型合同与非定型合同两大类六小类[4]。透过学者对徽州合同的研究，我们知道，合同广泛存在于传统的徽州社会，合同的类型涵盖了个人、家族、公共社会的财产纠纷、公共事务，以及偶发性事项等方方面面。

"合同"一词，为近代以来引入的概念，在古代民间文

1　周正庆、郑勇主编：《闽东家族文书》第一辑《古田卷》（下），"古田县平湖镇溪坪村"文书，广西师范大学出版社 2018 年版，第 147 页。

2　周绍泉：《明清徽州契约与合同异同探究》，《第五届明史国际学术讨论会明史论文集》，黄山书社 1994 年版，第 160–171 页。

3　刘道胜：《明清徽州合同契约与民间合约关系》，《安徽大学学报（哲学社会科学版）》2009 年第 1 期。

4　俞江：《论清代合同的类型——基于徽州合同文书的实证分析》，《法学》2014 年第 6 期，第 120–130 页。

书中多与"约"混用，文书中常见的"合同执照"即是此类。合同作为一种独立的文体出现的时间并不太早，就笔者所见，有合同字样的文书最早的一件为雍正八年张必生、张必化、张必成、张必荣四兄弟立的"分书事同"[1]。实际上，这是一张分阄书的补充协议，书中对分阄书中已分的菜园产权与使用细则作了补充，其叙述的内容大致如下：

长子张必化名下分有西边菜园一片，但经父母与张氏四兄弟约定，在张必化名下这片菜园盖建三间宽五进深的房子，盖房所需为张必化的其他三兄弟出资。房子盖好后，众人将之与菜园东边的房子一同出租，作为父母的寿金，用于处理父母的后事。由于记载简单，加上语句不通，"合同书"里记述了东边的菜地与房屋归张必化的其他三兄弟共有，没有提及张必化，由此我们可以推测，西边的菜园连同地上的三间房产应归张必化所有，从加注"日后四分门，日后布匹吃用，四分均出"可知，张氏分家后，四门约定，日后祭祀父母香火，由四门均分，世代遵行。文书中缝裁开，上书"合同据"。很明显，这是一张合众同意的凭证，并不是完全意义上的合同。

闽东民间文书最早所见合同字样文书为福安县铜岩村

---

1 康香阁主编：《太行山文书精粹》，文物出版社 2017 年版，第 38 页。

陈云生家族文书中的《乾隆五十一年（1786年）十一月锦里郑祠颁给陈承余耕作蒸尝田判承合同》[1]，文书虽命名为"合同"，其实是一件宗祠的判批，内容记述了铜岩村陈承余租有族田3块，宗族判与其耕种，要求其"冬租送祠清楚"的判批，判批一式两份，宗祠与承租者各一份，并不是陈承余与宗祠的租赁合同，而是宗祠与陈承余协商意见一致，各自保留的证据，并不是近代意义上的合同。

从清代中期以前的民间合同来看，其内容是前代"约"的延续，无论其立合同的记事方法还是拟制方式均是如此。闽东文书中所见，同治初年以后合同文书才逐渐增多，《闽东家族文书》第一、二辑所见，明确以合同命名的文书只有14件，在契约文书中占比极低，分布情况大致如此：乾隆1件，同治2件，光绪5件，民国4件，不明年代2件。种类包括承山批合同，换粪寮合同，族产使用合同，承课合同，管业合同，结算备忘合同，票据查看合同，分田股合同，兑地基合同，调换屋基、灰厝合同。《闽东家族文书》第三辑与合同相关的文书也只有13张，最早为道光二十四年（1844年），全部为近代以后的文书。

1　周正庆、郑勇主编：《闽东家族文书》第二辑《福安卷》，"福安市坂中畲族乡铜岩村陈云生家族"文书，广西师范大学出版社2021年版，第3页。

表 3-2 《闽东家族文书》第一、二辑合同一览表

序号	时间 / 名称	内容	资料来源
1	5-8-038 同治三年九月达诗立尽竹结算备忘合同	胞叔达诗与堂侄上宝有数项经济来往，双方已经结算清楚，为避免日后因结算失误而产生纠纷，仍然立字约定	第一辑《古田卷》（下）"古田县平湖镇溪坪村黄氏家族"文书，第 147 页
2	4-3-080 同治九年正月谢光化等立承山批合同	谢光化将经营的山场转批给族侄肇清，并约定双方权益	第一辑《屏南卷》（上）"屏南县长桥乡银坑村谢氏家族"文书，第 245 页
3	5-5-075 光绪十八年二月刘亨泗立众田管业合同	刘亨泗、刘利仁等众人约定，从众人合买的田地中收取租金，用于齐天大圣香灯应用，以及约定剩余租金的用途	第一辑《古田卷》（上）"古田县平湖镇唐宦村李氏、甘氏等家族"文书，第 466 页
4	5-8-098 光绪三十四年六月国艳立田约票据查看合同	黄国艳保存着公祀田的契卷、阄书、票据等。合同显示，日后众人如果需要查看，必须出示，不得拒绝	第一辑《古田卷》（下）"古田县平湖镇溪坪村黄氏家族"文书，第 183 页

3. 合同字据。民间文书中虽然有许多文书版面上出现"合同""合同执照"字样，但更多的是古代契约文书

中符书类契约的延续，民间对于近代意义上的"合同"概念是不甚清晰的。清中期以后的"约"中，我们仍然随处可见契约、约与合同概念的混用，正是由于民间思想与对这些文体认识的不清晰。人们用各种各样与合同有关的字据代替合同，合同的写法就显得五花八门，有些在契约上加写合同字样，更多的是在"约"上标注合同，显示是双方意见合同而已，并非作为一种文体进行书写。与合同相关的文书，其题名除了"约"与"合同"之外，还有合同凭据、合同兑据、合同契、合同字、合同约决议等。在闽东文书中，与合同相关字据的时间分布情况是嘉庆十二年（1807年）七月合同凭据1件，道光七年（1827年）合同兑据1件，光绪卖吉地合同契1件，宣统合同字1件，民国年间的合同约决议1件。以闽东文书为例，道光二十年（1840年）以前，合同以及与合同相关的文书只有3件。

二、"约""合同"功能的模糊与混用

由于人们对于契约、约、合同约与合同文体认识的不清晰，在处理社会生活问题时，选择的文种除涉及土地买卖及相关产权的契约（单契）很认真与正规外，其他都很随意，往往与约混淆使用，所以，民间对契约、约、合同类文书存在混用与功能的不清晰，除了表现于土地典卖契约与约及合同的混用，还存在于族产与个人财产处理的混用，表现在：

（一）族产处置中的"约"与"合同"的混同。山林、水源等公共资源是宗族生存的重要空间，其属权与边界在乡族之间存在着约定遵守的规则，如果其中一方试图改变约定状况，势必会引起当事各方纷争，甚至出现合族盟约共抗外族的现象。光绪九年（1883年）正月碳窑村连氏业、强、刚、毅四房，针对常洋村刘建城、域兄弟以"掘路"为名，实"强占山场之意"一事，进行族议，签订各房盟议合约，号召"我一族之人，同心协力""与之决一战，誓不降心"，以众力抵对外族侵占。[1] 宗族联盟即是族约中常见的一种，这里的合约就是合众同心之约，作为四房众议后一种誓约盟证而存在，所以这件文书题名为"各房盟议合约"，以合同形式签署，中缝裁开，四房各执一份。

族田涉及众人的利益，其收入用于祭祀祖宗、资助学业、救助孤寡等族务，如果要改变族田的用途，往往立约说明。道光年间寿宁县犀溪镇西浦村缪氏家族因四弟兆颚、六弟兆颛无后，需要动用家族尝田进行祭祀。道光二十八年（1848年）四月十八日缪氏肇颖、灏、颂、颜兄弟，在

1　周正庆、郑勇主编：《闽东家族文书》第一辑《周宁卷》（上），"周宁县泗桥乡碳窑村连洪法家族"文书，广西师范大学出版社2018年版，第191页。

表叔龚若愚、母伯尚起、妹夫张清芝、族叔公盛利，见证人房叔茂艾等人的参与下，签署剖明约，约定四弟、六弟"坟墓不得失祭"，将需要动用到的家族尝田列入合同，规定"自立约以后，其尝田不许盗卖，如有资卖者，亦即鸣官究治"，以合同的形式规定了四弟、六弟坟墓致祭可以动用尝田的权利[1]。这张"约"规定了权利与义务，并且声言具有法律作用，如果违约可以据此"送官究治"，所签订的虽然为"约"，但更具有合同的意义。

祠堂是宗族的重要标志，如果改变地址或重新修葺，涉及族人的产权，宗族的管理者需要与涉事族人签订合约，规定族人的义务与责任。在霞浦县院边村，光绪三十二年（1906年）二月，众人商议将吴氏祠基与族侄茂泾苗田二号进行兑驳，双方约定"自兑驳之后，任凭泾边前去择日砌造起架住屋"，另约"公众修整众馆之日，泾边喜助洋番二十元"[2]，因吴氏祠基涉及吴氏户丁众人，所以众人参与立约，立约人计有吴萧郑（首事）、董事户丁吴廷滔、吴茂桂、吴茂澄等十余人。光绪三十二年七月初十，虽然未到

1　周正庆、郑勇主编：《闽东家族文书》第一辑《寿宁卷》（上），"寿宁县犀溪镇西浦村缪氏家族"文书，广西师范大学出版社2018年版，第402页。

2　周正庆、郑勇主编：《闽东家族文书》第二辑《霞浦卷》，"霞浦县柏洋乡院边村吴琼发家族"文书，广西师范大学出版社2021年版，第346页。

还期，但因需要聚众祭祖，所以吴氏宗祠凭此兑驳合约向侄茂泾预收三元祭祖使用，将来众厅修整，再从吴茂泾捐的二十元中扣除祭祖预收的三元[1]。合约更像是宗族向族内成员筹集资金的一种回执或借据凭证。

穴地是族产的一部分，即使是属于个人名下的穴地，如果转让也必须征得全体族人的同意。在寿宁县南阳镇王龙山村，王贞兴有吉地一穴，光绪三十三年（1907年）四月二日将穴地送卖与戚族堂弟李洪。双方签订送卖吉地合同契[2]，文书采用契约形式签订，契约的签订，有王氏家族嫡堂兄维礼、族叔侯长、表叔亲陈德明、堂弟步盛、堂侄官烈等人参与和见证。明显是一张众人同意的契约，所以文书的题名为合同契也就不奇怪了。

家庭拆分也常以阄约或分关约的形式出现，使用分产约或合同的形式进行分家，比由家长单纯主持形成的阄分书多了一些民事约束力，是参与阄分多方共同遵守的协议，避免因分家后产权不清产生矛盾。光绪十三年（1887年）

1 周正庆、郑勇主编：《闽东家族文书》第二辑《霞浦卷》，"霞浦县柏洋乡院边村吴琼发家族"文书，广西师范大学出版社2021年版，第349页。
2 周正庆、郑勇主编：《闽东家族文书》第二辑《寿宁卷》（下），"寿宁县南阳镇王龙山村王氏家族"文书，广西师范大学出版社2021年版，第214页。

四月吴瑞祯叔侄三人立分产业约[1]，由于阄分后剩余的"后架搭尾住屋一座尚未均分"，吴瑞祯仝侄茂淦、茂泾"邀请戚族商议，将父手阄分湖岭兜旧屋及岭尾新屋统作三股配搭均分"，希望"自分以后，各照约字管业，毋得竞短争长，一团和气，光大门闾"。父母早逝，长兄代父，兄弟勠力同耕，置有产业，弟长及婚，分家析业，通常邀请族人见证参与"立阄约"[2]，霞浦县院边村林大弼、大淳兄弟在咸丰八年（1858年）"立阄约"即是如此，阄约有言，兄弟"同心协力，守分勤耕，汗积钱文，建造厝宅，置买田产"，拥有共同的财产，由于大淳已及婚龄，需要"延请族长公议"，钱钞各半均分，"为大淳婚娶"，参与见证的人有"议阄堂兄大馨""见阄堂兄大托""代笔堂兄金垣"等。

在民间文书中，我们也常见到以合同的形式制订公议或公约，类似于乡规民约。比如光绪年间，河北涉县前、后何家村出现"世风日下""多有匪僻之人""已无诚实之侣"，这些刁伪之徒不仅聚集讹人，还"昏然酗酒、赌博，败坏人心"，为了改变这种恶习，树立诚信正直的社会风

1　周正庆、郑勇主编：《闽东家族文书》第二辑《霞浦卷》，"霞浦县柏洋乡院边村吴琼发家族"文书，广西师范大学出版社2021年版，第230页。

2　未刊文献：《霞浦郑家山林氏契约文书》，《咸丰八年□月林大弼、林大淳兄弟立阄田产约》。

气，二村公议，"严禁邪僻之人，酗酒赌博，欧牙调口"，对"设法讹人，无礼太甚""齐人打架，窝留匪类"之徒给予严惩。要求二村村民执行以上条例，并且以连坐的形式进行，保证不出现类似的情况，如果二村有事，则另一村必须相扶，否则"罚大小十千文"，一村如果出现赌博现象，则罚一村之民每人"二千文"，有卖淫者，"罚大钱四千文"。从条款的制订过程，到实施和处罚形式，都属于乡规民约类，但最后采用合同的形式，合同的签订人为前、后何家村的代表何宝府、何进宝、何先福与何得金，但落款却为"光绪二十五年八月初一日二村同具"。我们可以从这件公议书看出民间对于合同与公议、公约的内涵与文式的了解很是模糊。

（二）个人产权交换中的约与合同不分。古代文书中，人们很难区分合同与约对于个人权利的界定，使用起来也就具有较大的随意性。《宣统元年二月游桂森立合同字》[1]实际上是一份将其所耕之田典与族叔家齐的典田契，合同的书写格式与典田契无异，承诺约定与违约补偿也参照契约的形式签订，所不同的是签订合同的过程，没有中人参与，只是双方的合约，代笔与在见取代了中人，签署过程

1　周正庆、郑勇主编：《闽东家族文书》第一辑《柘荣卷》（下），"南山村游树荣家族"文书，广西师范大学出版社2018年版，第171页。

简单，反映双方诉求，双方各执一份，所出典的田在日后管理中各自对照合同执行，避免雀牙之争。

民间进行田产、房屋、房基等不动产的兑驳与交换使用时，往往签订协议，进行物物交换，互换物权。光绪九年十一月陈紫华、陈石全立兑换田约[1]，记载了陈紫华"原有勒碑合业祭田数号内抽出一号"，将其田归与侄陈石全，与侄兑换地基造屋，缘由是"原载租八担大苗，因作坟缺需，内抽出大苗五担出典在王家，尚未赎回，仅存现管租三担，今叔造架屋缺少地基，向侄商兑"，叔侄签订了以祭田换地基约，虽然是双方私下交换，但涉及族田，必须以合同的形式签立协议。在笔人、仝见族侄、在见胞侄、知约胞嫂、仝见男等11人参与下，签订了换田约，各执一份，以示双方意见契合，11位族人的参与，表明得到涉及族田产权众人的认可。物权交换签订"约""合同"进行规范，是民间社会物物交换的一种常态，屏南县银坑村谢辉禄因无钱葬父，将一座四扇三间的阁分楼出卖，但又恐无屋居住，便将此屋与族弟如松一座三间二直的土库楼进行兑换，双方签订合同兑据，谢辉禄声言"松另出钱八十三千文正帮贴与禄安葬父母""其钱即收无少，其楼屋

1　周正庆、郑勇主编：《闽东家族文书》第二辑《福安卷》，"福安市坂中畲族乡铜岩村陈云生家族"文书，广西师范大学出版社2021年版，第95页。

明兑明换"[1]。上述举证的案例在闽东文书中在在可见，如光绪二十五年十一月连起莹立兑屋坪基地约，连氏兄弟之间兑换耕地房基使用[2]；光绪二十三年（1897年）二月屏南县银坑村谢年球立兑换粪寮合同，用粪寮兑换谢兆清的籼埕一口[3]，均属于物物交换后签订的合同。

在山区，土地以小块形式存在居多，特别是新开的耕地、菜园，零星分散，不利于耕种和管理，需要交换整合，民间通常签订和兑约进行交换，光绪十三年六月十八日寿宁县童洋村孙绍云、绍冬等立对便合同约就是孙氏与衡云公兑换菜园进行管理的和兑约[4]。产权转让后，为了强调产权属性，对于存在异议的事项加以注明。福建省霞浦县的张廷辉承祖遗有清仔寠荒山二号，道光二十八年十二月出售与胞弟，立合同声言"立议之日，当亲友见人面议，所有清仔寠之荒山分与胞弟廷有前去永远管业"，特意说明"辉等日后执出关书字据不堪行用"，避免以后使用

1　周正庆、郑勇主编：《闽东家族文书》第一辑《屏南卷》（上），"屏南县长桥乡银坑村谢氏家族"文书，广西师范大学出版社2018年版，第199页。

2　周正庆、郑勇主编：《闽东家族文书》第一辑《周宁卷》（上），"周宁县泗桥乡硋窑村连洪法家族"文书，广西师范大学出版社2018年版，第202页。

3　周正庆、郑勇主编：《闽东家族文书》第一辑《屏南卷》（上），"屏南县长桥乡银坑村谢氏家族"文书，广西师范大学出版社2018年版，第269页。

4　周正庆、郑勇主编：《闽东家族文书》第一辑《寿宁卷》（下），"寿宁县清源乡童洋村刘氏家族"文书，广西师范大学出版社2018年版，第161页。

分关书讨要售田。对于膳食之田，虽然没有产权，但所属的股份权，可以族内转让，转出的股份必须让族人知道，嘉庆二十年（1815年）正月，松潭村杨光秀因"今祖仙逝""治丧无资"，签约转让族田股份，声言将原有膳田卖断与胞叔万炎，作为祖父"众治丧需用"，膳田过割与叔后，"不敢背约混以祖膳之公产藉口异言，另生之（枝）节"[1]。

"约"是双方意愿的约定，是立约双方协商的结果，并不列明具体的义务与违约惩罚情况。光绪十二年（1886年）八月张久钟准备建造新屋，立合同约据[2]与其侄张安楼对共用的新旧楼墙权属与界址作了协商，对建造房屋过程中具体问题进行了约定，双方约定旧墙是张久钟所造，建新屋时张久钟可以掘动，涉及张安楼的旧墙张久钟必须维护好，不能损坏，条约对流经双方天井过水路的使用进行了约定。很明显，这是一件双方关于房屋与水路的约定书，文书采用单契的形式书写，但又以合同的形式分发文契，一式二份，"各执一纸为照"。

---

1 周正庆、郑勇主编：《闽东家族文书》第二辑《福安卷》，"福安市坂中畲族乡松潭村游氏、杨氏家族"文书，广西师范大学出版社2021年版，第448页。

2 周正庆、郑勇主编：《闽东家族文书》第三辑《屏南卷》（一），"屏南县北墘乡徃里村张氏家族"文书，第177页（文书收藏于周宁县博物馆，由郑勇提供）。

类似的情况不仅在闽东出现，在浙南的石仓，约与合同的混同使用也存在。石仓文书有一件"咸丰元年（1851年）闰八月三日阙翰成立合同"[1]，文书原文为"立合同字"，记述了立合同人阙翰成与其堂弟翰周划分租田权属一事：咸丰年间以前，林才光先将名叫野猪窝尾的民田当与翰周进行耕种，后又卖与翰成，"两家恐管业不楚"，托中商议，约定"此田两家中半均分，其租谷亦中半均分，粮亦中半完纳"。为了日后不争长短，"共依合同字为据"。合同字以契约形式签署，有立合同人、见中人、代笔人。合同字一式二约，各执一约，文中没有违约处理条款。很明显是一纸合同与契约文体混用，堂兄弟之间私下约定的协议书。

　　由于契约、合约与合同的功能与作用存在着交叉，古人们很难将之进行区分，但从这些文书的特点中，我们也看到民间使用这些文书的一些习惯：一是，合同的签署与契约、约的区别不大，只是执契形式有所区别而已。一般情况下，土地买卖契约为单契，合同约与合同为双契或双契以上。如果合同的签订仅限于双方之间，合同为双契形式，如果涉及众人，根据人群需要制订合同的份数，比如，

1　曹树基、潘星辉、阙龙兴编：《石仓契约》第1辑第6册，浙江大学出版社2011年版，第82页。

天、地、人三房合同，合同即为一式三份，在法律采信上，古代的契约比合同更加规范，私法性更强。二是，"约"具有广泛性，似乎诸事皆可约，形式也较随便，从《闽东家族文书》收集的文书来看，近代以前就大量存在，是古代契约思维影响的结果。合同约更多地体现了签订者双方的意志，或许是正式签订合同时的一个约定与意向，内容涉及的人员更多，多为解释性的条约或签约人意愿的表达，具有协商的性质，并不具有强制的意义。三是，与合同相关的合同约与合同作为题名出现，借用了近代合同的概念，体现出双方合意的思维，其出现的时间较晚，清初偶尔可见，近代以后逐渐增多，从古代民间文书来看，合同约的签订涉及众人与众产，合同的签订只在签约者双方之间，合同的内容仅涉及双方利益，多与他者无关。

按照近现代的合同概念，合同是当事人双方在有见证人情况下，互相对立与合致的行为，包括要约与承诺两个基本内容，比民间私下签署的单契与合约更具法律效力。但我们并不能用近现代的合同概念划分古代的契约文书，将合同单独分裂出来，作为契约的下位单位，上述所见，契约、合约、合同的分界并不明显，属于并行的文种。这些文书与以单独为主的契约文书一道，以交错含混的功能，在乡村社会经济秩序构建中发挥作用，这些文书，或多或少都具有要约与承诺内容，是私契的补充。民间文书中的"约""合同"除了以文书形式对契约的具体细节加以约定外，还对族内祭祀公务，公共空间使用界定，乡族之间经济活动边界划分，如山场、水路的使用，个人产权的兑驳置换等内容加以约束，这些被约定而需要遵守的公共与个人经济行为约束，形成民俗与乡俗，成为宗族内部与乡邻之间共同遵守的行为准则，这些准则不仅在民间被遵守，也常被官府认可，成为地区民众共同遵守的经济秩序。

"约""合同"与承诺的践行

古代人们虽然对契约、约、合同约与合同等文书的功能与定位不十分明确，交错混同地用于处理乡村社会人们的各种经济活动，但是人们始终把握着文书承诺与践约精神要义。作为土地典卖类的单契，在民间诚信体系中起着核心的作用，"约""合同"作为单契的补充，共同构建起了古代民间经济生活中的诚信体系。对于契约的诚信研究，学者作了较多的研究，本节不作面面俱到的介绍，只从"约""合同"的视野下看民间对契约的应用，从而观察乡村社会的契约精神。

一、保证个人权利承诺与约定的践行

个人之间由于产权的纠纷，经常引起互控，经官府或宗族众议调停后，纠纷往往得以停息。为了避免矛盾再生，常以合同形式进行约束。民国二年（1913年）十一月，周宁县楼坪村张氏家族发生了一起旧屋纷争，张高朋、张高员等人的旧屋与张兆宽新建的新屋相邻，位于张兆宽新房的左边，右边墙垣为共墙。后因为张高朋旧屋的飞翅檐水滴落至张兆宽新房，加上旧房年久失修，容易坍塌，对新居产生影响，引起张兆宽不满，彼此为此产生争执，致成互控案件。后经族中长老张兆长、张兆福、张兆旦与亲朋郑则浪、林桂丹等调解，要求张兆宽砌造旧墙，封栋坚固旧房，为"新旧两屋回避风雨"，又要求张高朋对旧屋的滴水进行改造，由滴水落左边，改为"正栋水分前"经正门滴落，但张兆宽需要向张高朋支付二十五元改建费。经过族长与亲朋的调解，两家和允，控案撤销，为了保证以后能按协调行事，并杜绝产生新的纠缠，两家在族长与亲朋见证下签署了"立遵依和处合同约字人"[1]。

1　周正庆、郑勇主编：《闽东家族文书》第一辑《周宁卷》（下），"周宁县李墩镇楼坪村张氏家族文书四号抽屉"文书，广西师范大学出版社2018年版，第203页。

二、以合同的形式制定乡间公约

对于涉及公众利益的事务，通常进行公议或众议，形成奖罚合约，保证众人共同遵守。周宁县张氏家族自明代移居后洋村以来，重视生态环境，着力保护青山绿水，形成传统。清光绪年间张氏家族在修纂族谱时，将明代中期后洋创基始祖"张太三公"之子华八公立下的"祖山合乡公约"，编入族谱，成为家范，作为祖训立碑于山前，公约这样写道：

> 张华八公置买四围山场，历祖掌管。东南西北四至依照旧谱管业，界内原系公众之山，有业，任凭留绿成林。若是砍伐明白，随手栽插，不必争占。除青去白抛荒一载，山骨退为张家公众，不许执留旧契为用。无物之山，由于各人勤力，任从栽插，松、杉、竹木倘或物业送卖外姓别人，只许卖物，不许卖山。山骨亦是张家祖山，合乡公议，设立碑志，以遗子孙之凭，是为约乎！[1]

公约对于山林栽插人的权、责、利作了明文的规定，

---

1 光绪年间《后洋张氏宗谱》，周宁县后洋村宗亲会藏。碑刻见于周宁县后洋三库理论展示基地。

鼓励人们对无物之山进行栽插，对于抛荒山林者，收回山林使用权。

在周宁县硋窑村，道光二年（1822年），连氏家族也制定合约，封山育林，"立禁后门主山，并四围山场树木"，所植之树"始得成林，遥观苍翠"。但随后，山林遭受盗伐，众社首召集各房首商议，道光三年（1823年）七月初一连昌玠联合族众近十人签署众约合同，要求房首约束房下子弟，做好封山育林的工作，禁止偷伐，约定"倘有一二无耻上山盗砍，查获通知，定要照房首事前登门说谕，公罚遵禁，如或顽刁之人的，要首事报信众社首，登门公罚铜钱一千二百文以为公。众社首倘若中途退缩，罚钱四百文，公众倘有恃顽，鸣官，众首出钱"。[1]

公共空间与公共财产为众人所有，使用权的划分，常常以约与合同的形式进行规定。嘉庆二十年八月吴正贵签立分屋约，将祖屋一座"退与叔（启元）前去管业居住"，得贴钱120千文，双方约定了房屋周边空地使用协议，"本屋日食水泉仍与侄朋食""（房屋）东南取出地五尺砌造大路"，另对天井、粪寮的使用，房屋损坏修补细则均作了协

1　周正庆、郑勇主编：《闽东家族文书》第一辑《周宁卷》（上），"周宁县泗桥乡硋窑村连洪法家族"文书，广西师范大学出版社2018年版，第30页。

商[1]；宣统元年八月连起莹与连起树共楼居住，为了避免纠纷，在经公人萧立孔、连步完，见证人连起湾的见证下，两家相约"堂弟起树居住右边，起莹居住左边，厅堂楼厅两家相共，门路依旧通行，两家和气，各无异言"[2]；屏南县小章村，张奕补有一座坑乾寮，寮后有一水路，上游是世德寮，下有世梁寮，世德与世梁经常因为水路而产生争执，三方经过协商，最后约定水路的使用方法是"世梁退水路位，（让）一条与（德）补放水通行，今补向德面商，该水让补暂时放定，嗣后德寮变业之时，补寮水随时自放己寮内通行，不得放德寮内"[3]。这些协定规范了人们对于公共空间的使用，建立了公共空间使用的良序。

三、参与并干预家庭、家族事务的落实

合同与约不仅在公务事务处置中产生作用，也对家庭生活起到一定程度的干预作用。上述所言林大粥、大淳兄

1　周正庆、郑勇主编：《闽东家族文书》第二辑《霞浦卷》，"霞浦县柏洋乡院边村吴琼发家族"文书，广西师范大学出版社2021年版，第30页。

2　周正庆、郑勇主编：《闽东家族文书》第一辑《周宁卷》（上），"周宁县泗桥乡硋窑村连洪法家族"文书，广西师范大学出版社2018年版，第206页。

3　周正庆、郑勇主编：《闽东家族文书》第二辑《屏南卷》，"屏南县棠口乡小章村大章村张氏、梁氏家族"文书，广西师范大学出版社2021年版，第347页。

弟分家，堂兄弟与族戚担心林大弼以长欺幼，分家不均，延请族长参与公议阄书，保证家庭财产阄分的公正，也为财产分配后的实施起到见证作用，因为作为产权的田契只有一份，并且"各田契据仍交淳边收藏"，如果没有族长的主持与众人的见证，难免出现没有收执田契一方财产受到侵吞的现象。

为了保证分家后，幼者财产权得到落实，生活得到保障，房长通常介入阄分家庭，召集家族人员进行见证，签订合同，督促阄分参与者遵守阄分书的决定。民国三年（1914年），张振炜同其弟振炜、振炉立遵约[1]，记述了民国元年（1912年），张氏家族分家，将祖上轮田阄分给张振炜父亲张长土兄弟三人。但二叔长坤"一生未娶，次序难传，即（将）三弟过继以为后裔，接代宗枝"，父亲担心二弟日后无人追荐，将自己拥有的旱业（水田），除了一部分作为生前口粮与"追荐功果需用"之外，其余产业股份均分，立阄为福、禄、寿三房进行管理，"福禄两房为父母祭典，寿房壹份即作为嗣父长坤祭典"。要求三个儿子在父母百年后，不许争长竞短，依遵约办事，保证了二弟去世

1　周正庆、郑勇主编：《闽东家族文书》第三辑《屏南卷》，"屏南县北墘乡徙里村张氏家族"文书，第215页（文书收藏于周宁县博物馆，由郑勇提供）。

后能得到香火的供享。契约虽为"约"，但以"合同执照"的形式进行签订，粘贴契尾，父亲张长土，堂叔长泰、长沐，三个房支的房长安森、安族、长接作为在见者参与见证画押。

分家析产不均日后会产生家族纠纷，家庭在分家时往往考虑到分家后的治安问题，写上相关的条款以防止日后因分家产生家庭争执，古田县溪坂村陈氏于光绪二十二年（1896年）订立的分阄书记录有：

> 居尤恐反生嫌隙，是以和商议分作（二）房。邀请诸亲尊长，将祖父续置田产、基地、楼屋、家财、器皿等物，以新旧、阔窄、贵贱、肥瘦、品塔均匀，拈阄为定。俱系至公无私，毋得争长竞短，一以全人子之孝，一以全兄弟之义。然于分爨之后，务宜兄友弟恭，不可以强凌弱，亦不得嗜利忘义。今欲有凭，敬立阄书册，一样各执一册，永远为照者。[1]

陈氏兄弟在"诸亲尊长"共同参与下，订立分阄书，书中强调，分家后"毋得争长竞短，一以全人子之孝，一以全兄弟之义""务宜兄友弟恭，不可以强凌弱，亦不得嗜

---

1 《光绪二十年二月陈杨泰等立悌房阄书（三）》，古田县博物馆藏。

利忘义"。

如果兄弟因分家而闹不和，宗族会同家长进行调和处理，古田县鹤塘镇郑洋村彭氏家族彭枝先和彭平先、彭监先三兄弟因咸丰同治年间留下的祖屋权属不清产生争执，最终在族人彭寿而、彭喜然、彭璧多、彭杰吴等人的公证和裁决下"谈判了息"，重新明晰产业，实现"以敦和好"的目的，详情如下：

族人彭枝先兄弟与平、监先兄弟因晒谷埕致生口角，双方各执理由，莫衷一是。兹阅伊上祖立有忠、信、习阄书为凭，嗣信、习本系咸丰二年分阄，内载明产业，各执为凭。嗣信、习两房兄弟见弟又经合爨同居，迨至同治七年仍增进产业，并新建鸭仔垅屋宇一座，两房平分。信房阄分左边一直透，上及前后书院，又及右边墙外上榔，粪楻一只；习房阄分右边一直透，上及前后书院，右及右边墙外下榔，粪楻一只。并世载及墙外余地归于何房管业，细想定晒谷相沿已久，且暂就旧管。枝先兄弟仍归下坪晒谷，平、监先兄弟仍归上坪晒谷，以免双方争执。至后门外水河下余地，由门为中，属左者归左，属右者归右。即此谈判了息，毋再竞争，以敦和好。是此切盼。此劝。（落

款略）[1]

以上种种，我们可见，合同与约广泛存在于清代民间的经济活动中，然而，合同与约在民间的经济活动中是否真的得到贯彻？答案是肯定的，在签署合同时，我们可以看到宗族的参与，或是经公而议，比如，乾隆年间，福安铜岩里陈云生家族在锦里地方有郑祠蒸尝田三号，"判与陈承余耕作，冬租送祠清楚，后将本批带换新批判，再承分执为据，然后接耕"，为了警示陈承余按照新签订的契约交付田租，郑祠众议后产生新的判决，按理说，这判断交陈氏执行即可，不存在讨价还价的问题。但郑祠却与陈氏签订合同，一式两份，明确陈氏拥有郑氏锦里地方尝田的耕作权，保留着依照合同追责的权利，不许转耕，合同写道："如新判未交，实系欠租盗，截荒芜等弊，随听改判新佃"，收回耕田，并且声言不承认陈承余土地转租所出示与他人签订的字据，明确"此字不得行用，毋许执嚣判霸"，必须执行与宗族的合同。[2]

有些族田在流转过程中，经历岁月漫长，族人世代

1　《民国十九年九月彭寿而、彭喜然、彭璧多、彭杰吴立谈判字》，古田县博物馆藏。

2　周正庆、郑勇主编：《闽东家族文书》第二辑《福安卷》，"福安市坂中畲族乡铜岩村陈云生家族"文书，广西师范大学出版社 2021 年版，第 3 页。

更迭，产生权属不清，由公田浸漫为私田，在宗祠参与或族长主持众人见证的情况下，众议厘清，签订合同，明确族田产权。霞浦县柘洋区英山村杨文乐家族有一号田，乾隆四十五年（1780年）帝爵公出典与金家洋的金宅，乾隆五十一年杨氏分灶为天、地、人三房，此田由天房出资二万五千六百文向金宅回赎，经历了八十二年，至同治六年，地、人两房对产权提出异议，要求此田回归族田。三房经公托戚商议，"地、人两房取出田价铜钱一十千文"作为补贴，"仍与天房收还田价，其田仍归祖业公众，三房历年轮流祭扫"，由天房独享至三房共有，使据为私有的田地回归了族田。[1]

　　族产虽然为众人所有，但也存在着族产管理权不明，导致产业荒芜，或是未纳皇粮等弊端。所以族产管理方必须从涉及众人利益的族产中，辨析出个人产权部分，进行众议公示，广为周知，杜绝混冒族产逃税的现象。光绪二十年七月，柘荣游氏家族有位于三十一都蒲洋和龙塆，受种一斗的族田一号，一直"无粮过户"，未交纳皇粮，为此负责赋税催纳的地方总书亲临现场进行调查，要求"重新改换推收过甲"，完纳粮米。在总书和亲族的见证下，众

1　周正庆、郑勇主编：《闽东家族文书》第二辑《柘荣卷》，"柘荣县英山乡英山村杨文乐家族"文书，广西师范大学出版社2021年版，第629页。

人签立公议合约，"将之田情愿送与房侄聚圣为已下所管，估值田价纹银四两正"，游聚圣在众人见证下，将纹银交与"房族位全、柏树仝侄桂春收讫使用"，并且与族人"仍约有祖墓历年逢三月时节……划拨烧纸，历代请祖，不敢抛荒失额"[1]。可见，约与合同在实践中得到民间的执行，毋庸置疑。

四、排解社会纠纷

"戒讼"是古代大多数中国人的共识，人们认为"起讼不可长，讼则终凶……小忿莫忍，致成雀角，无论差扰难受，动费钱钞而累月频年烦心废业，悔已难追。即或事不得已，互控公庭，亦当平情从公劝处，让人一步，何等天宽地阔！倘有自恃刁讼，罔识科条，控指诬控，倾陷善良，尤当切戒"[2]。所以，人们将解决纷争的目光转向族内，希望遇上邻里纠纷等小事，由宗族或长辈进行调解，签订条约，私了处置。福安县彭素萱与丈夫的兄长缪长贵私通，不守妇道在先，又唆使母家长兄彭汐风聚众到婆家闹事。事迹败露后，他们不是报官而是选择私自了结。最终，在叔公缪上清等人的主持下，由其母亲彭张氏写下认非书，

1　周正庆、郑勇主编：《闽东家族文书》第一辑《柘荣卷》（上），"柘荣县黄柏乡蒲洋南山村游再生家族"文书，广西师范大学出版社2018年版，第95页。
2　周宁县芹山村《刘氏宗谱》，民国三十二年，周宁县芹山村刘氏宗亲会藏。

并声言对其女严加管教，表示倘若再有丑行，由缪家人严惩不贷，绝不庇护，张氏在"认非字"中这样写道：

> 立认非字。彭门张氏，生女素萱，许配于缪家，新寡。奈年轻无知，不守闺门，暗与缪长贵私行配事，不遵伯叔教训，反谓殴打，搜唆母家。长男彭汐风，一时被惑，黑白未分，恣同亲堂数人打破姻叔家伙。反查其情，自知理曲。辜蒙公人等劝息，悔过遵法，情愿赎奉还兹。自处之后，氏愿教女改过自新。倘更有丑悍之事，任凭惩教呈究治，纵有长短事情，彭门再不敢异言。恐口无凭，立认非字为照者。

代笔见：范得玉

在见：叔公缪上清

光绪四年十一月 日立认非字：彭门张氏[1]

另外，在民间纠纷中，也存在一种补赎行为，由族戚进行调解，签订和议息事宁人，请看道光八年（1828年）正月黄肇铨立心愿字：

> 立心愿字黄肇铨。今因前年于（与）次兄肇琼争嗣之事，累及长兄肇荣官司受罪。今兄弟分居，抽出

---

1 《光绪四年十一月彭门张氏立认非字》，福安博物馆藏。

嗣父田三坵，土名坐落王厝前，受种五升，谢与长兄肇荣子孙为业。其粮存在锦峰翁干，大众完纳，与铨兄弟无干，向后铨子孙不敢异言。今欲有凭，立心愿字为照者。

在见：母舅章寿兴、文瑞

道光八年正月 日立心愿字：黄肇铨

代字：妹夫林上琪 [1]

黄肇铨因与次兄黄肇琼争嗣之事，连累长兄黄肇荣吃了官司，为了安抚长兄的情绪而不致另生枝节，在其母舅、妹夫等族内外亲族的参与和见证下，肇铨立下字据，甘愿将自己分得的祖产赠予长兄赔罪。

以上种种可见，宗族内部出现冲突时，人们通常恪守"戒争讼"的民间信条，延请宗亲族长或当地绅士出面主持，签订约或合同，劝息争端，避免纠纷演变为诉讼。

清代中期以后，乡村社会宗族自治下的社会治理模式是学界共识，契约是影响乡村经济社会秩序的重要因素，所以又有学者认为中国传统社会是契约社会，"契约乃地方

1　周正庆、郑勇主编：《闽东家族文书》第二辑《宁德卷》，"宁德蕉城区赤溪镇黄田东边黄氏家族"文书，广西师范大学出版社 2021 年版，第 152 页。

自治最典型的表现之一"[1]。学者所说的契约，多指狭义上的单契，以土地买卖为主的单契，单契虽然在以土地为重要生产资料的传统社会中，在构建经济秩序方面起到重要的作用，但并非决定性的，包括约与合同在泛义上的契约行为，对单契的执行起到了具体与细化的作用，在协调乡族之间的利益诉求，明晰宗族成员之间的利益关系，个人产权置换确认等经济行为方面，与土地买卖契约一道，共同构建起聚落空间，甚至是地区性稳定的经济秩序。

但是，私契私约毕竟属于民间私法，我们不能夸大其法律作用，在民间文书中，我们经常看到契约签署后，或在执行过程中，契约的一方存在反悔的可能性，并不具有严格意义上的法律效能。图 3-3 周宁县纯池村徐氏家族留存的一则抄白文书即反映了这种情况。

抄白是诉讼公文抄本或副本的一种，徐氏抄白抄录了关于徐周两家进行土地买卖交易后，因赋税交纳的分歧而

1　就中国是否为契约社会这一问题，杨国桢、岸本美绪和俞江曾展开讨论，是与非各持一说，仲伟民先生折中地认为：称中国传统社会是契约社会，显得过于夸张了；但说中国文化缺乏契约精神，同样也不恰当。所以仲伟民认为：宗族、乡绅的作用不容忽视，但民间社会的自治功能同样十分巨大。契约乃地方自治典型的表现之一。参见仲伟民、王正华：《契约文书对中国历史研究的重要意义——从契约文书看中国文化的统一性与多样性》,《史学月刊》2018 年第 5 期，第 5-15 页。

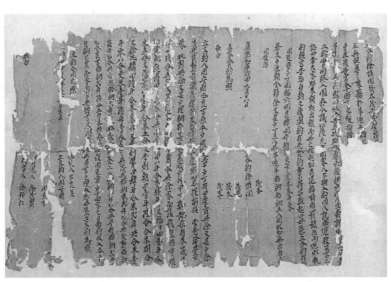

图3-3　周宁县纯池村徐氏家族抄白

引发官司的一段文字。

抄白的右边记载有康熙七年（1668年）九月十八日徐惟国、茂圣等五家所立的合约，讲述了徐周两家互控后，县太爷所作批示的内容。内容大致意思是，县太爷判决徐氏五家"照米额所出银两"交与周氏进行纳粮，徐氏家族不同意县太爷的判决，经徐氏家族议约，决定上诉，重新"控明"应交的粮米额度。议约中要求徐氏族人在打官司时不要退缩，如果退缩"自约之后，在先食约者不得昌盛"。

抄白左边文约是周氏家族内约定，应是对右边徐氏合约进行解释，并制定的族内文约，大致的内容是：

针对右边徐氏抄白，康熙九年（1670年）周守财、良吉立召集族人立有约，文约围绕着土地过户与交纳田赋情况进行解释，记述了周徐两家因粮米交纳产生纠纷的过程：周廷章（祖宗户户名）户丁将田产卖与徐氏家族徐文显、徐茂先等人（实际上是出卖田面使用权，即佃田权），康熙七年前任县令李老爷进行判批，将已出卖田地的田租交由徐氏交纳皇粮。另外原周氏甲丁郑韶宗的粮米也随附交由徐家输纳。康熙九年，周守财等人认为通过徐氏交纳粮米，"钱粮浩重，难以完纳"，周家人进行商议签立文约，将应纳粮米权收归周家，约定周文章户丁"收入本户均纳，不累徐家"。

上述抄白反映了康熙以后，福建地区土地典卖的现状，交纳粮米的一方，往往被认为是拥有田面权的一方。这种情况清代之前在福建就存在，虽然政府并不认可，但基层公差也没有阻止，成为民间的习俗，清中期以后，政府颁给农户"给佃存照"，核对佃户交纳给政府与户主的租米，佃户根据核定数量交纳粮租，可以不必通过户主纳粮，对户主随意反悔、肆意收取税粮作了限制，图3-4是同治年间福建省霞浦县柘洋地区游氏家族文书中的"给佃存照"[1]，是一张由县令签名盖章，上有县衙印记的存照，存照虽然有残缺，但可以判断出佃户林玉魁拥有纳粮权的事实。

　　通过上述种种我们可以看出，在中国传统社会中，契约与约以及合同在社会经济活动中随处可见，在传统社会中，民间对于契约、约、合同的概念并不十分清晰，时常混用，但在乡村社会的土地买卖，民间金融借贷与族产、家产处理等方面，这些或单独，或混用的文体共同起到了引导和规范社会经济行为的作用，对于社会经济秩序的形成起到了重要的作用。然而，民间私契与协定毕竟是私约，受政策与签约人因素的影响，契约的实施时有反复，甚至反悔，存在着极大的局限性。

1　《霞浦县柘洋地区游氏家族文书给佃存照》，原件由泉州收藏协会林志锋提供。

图 3-4　柘洋游氏家族"给佃存照"

第四章 乡村之盗与赔赃之约

　　小偷小摸虽然不能从根本上影响地方社会的稳定，但可以造成民间财富的损失、邻里关系的紧张，从而引起地方社会的不稳定。历代统治者对于偷盗的治理相当重视，国家与各省都颁布法律与地方法令予以禁止，但在偏远的地方，政府毕竟鞭长莫及，只能本着民不告、官不管的态度默认民间依据社会契约进行治理，因此，民间针对偷盗产生了各种惩罚性契约，比如赔赃书、甘愿书、悔字等，这些赔赃书对于乡村社会治安的稳定无疑起到了一定的作用，但这些以契约形式签署的文书，是否是签订者的自愿，从契约精神的层面，如何理解其中的含义，这是本节需要展开论述的内容。

盗之诺与赔赃之约

赔赃书由偷盗者立书叙述其偷盗过程，是承诺受罚公开之约，是被盗者索赔的依据，如果产生纠纷进行诉讼，也可以作为法律采信的证据。

一、盗之诺与赔赃书的拟制

"赔赃书"一词历史文献中并未见记载，文书中也没有专门的称谓，但闽东文书中有"赔赃"一词。"赔赃"两字连用的文体见于光绪年间的契约样稿，样稿式样见图4-1。

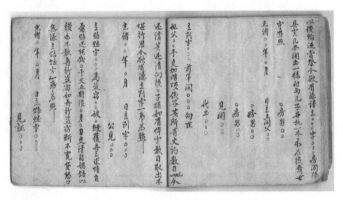

图4-1　契约样稿一

立赔赃字○○○（填入偷盗者名字）。为盗窃○○（填入被盗者姓名、所盗财物，描述被盗过程），被○（缉拿盗贼人姓名）经获，（○）再三求情，自愿赔还价钱○千文正，期限○月○日交清。自认赔以后，永不敢再行盗窃，如再行盗窃，断不宽贷。恐口无凭，立赔赃字一纸为照。

光绪○年○月○日立赔赃字：○○○

见证：○○○[1]

现实中的"赔赃书"是否按"赔赃字"的模板进行写作？我们看历史上的个案实证。闽东所见，实证文书中的赔赃书最早见诸嘉庆年间福建省政和县和寿宁县交界处的政和县澄源乡发生的一则偷盗案中，名为"立退还原赃字"。

> 立退还原赃字人王盛腾。本初四夜未晚时分，周天鹏楼门未关落锁，先躲在栏衕［同］窃鹏仓谷。鹏投乡总地方人等搜出藏匿脏［赃］谷，捆缚送官法究。送至途中，只得哀求泪恳乡总地方失□［窃］众等，合乡随门屈膝退赔原赃。自今经村众男妇求县免送县

---

1 本文所用关于北斗村周天鹏、许氏家族民间文书，全部由周宁县博物馆馆长郑勇提供，下文所涉，不一一注明。

主法究，改过自新，日后仍行前迹，处死自甘，恐后□凭，故立退赔原赃字，交付周天鹏执照。

立退还原赃字书写较为潦草，也不规范，甚至没有落款，像是一张被迫写下的证据，除了没有落款之外，基本具备了赔赃书的要素。自此之后赔赃书日渐规范，立赔人、内容与落款一应俱全，成为闽东地区惩治偷盗一个重要文书。

从"赔赃字"式样我们可以知道，由偷盗者书写"赔赃字"是闽东地区的惯例。"赔赃字"在清代已经在闽东地区流传，其书写有一定的版式，由立字人、主要内容和落款三部分构成。其中立字人为偷盗者。主要内容包括盗贼的偷盗经过，被盗者，所盗赃物数量，赔偿条款，不悔声明等。落款的第三部分由偷盗者、在见人、地保公差等签字画押确认。其中在见人除了被盗者外，多为乡村主管治安里长、族长、公差、地保等人。

光绪年间，受外来文化影响，福州地区的赔赃书，增加了权、责、利内容，出现与契约文书混合书写的情形。下则福州鼓岭地方的立赔赃书，借用了契约形式进行书写：

立租约据郭治义仝堂弟治昌。承祖手遗有山场一所，坐址鼓岭地方，土名三义路。于光绪二十三年间，经故胞叔传标手，凭中租与大英国宝教士约翰架屋居住。自光绪二十三年起至光绪五十三年止，其四至□□（明白）。价银俱载在前，租约据内明白，递年看守厝屋外，给工资五员［元］。今因盗贼窃取，失去硋器、椅棹零星等物，共计约有番银七十员［元］。义等无银赔还，愿将光绪五十四年起至光绪八十四年止，再租与宝教士居住，将此租银以为赔款。从今以后，义自愿退守，倘有盗贼窃取，与义无干。其年限俟至光绪八十四年止。外递年理纳租银三员［元］，如限未满，义不得凑尽以及妄生枝节等情。两允无悔，今欲有凭，托立租约据一纸付与为照。

> 光绪三十一年八月 日
>
> 立租约据：郭治义（押）
>
> 仝堂弟治昌（押）
>
> 在见：胞侄宜家（押）
>
> 代笔：丁守恩（押）[1]

在北方，惩治偷盗行为，也存在着类似赔付书的文种，其书写的形式与南方的赔赃书差不多，也由三部分构成。

1　周正庆、郑勇主编：《闽东家族文书》第三辑《闽东珍稀文书卷》，"福州、闽清、古田美以美会购地"文书，私藏文书，由穆水研究会林志锋提供。

民国二十七年（1938年）成树田立的甘结书[1]，其书写格式如下：

> 具甘结人成树田。兹因中村人民报告□时留外人，犯村业社规，今同八路军正（整）治军人□村中行为，具罚纸洋二十元整，作为抗日捐款，以后并不能发生事衣（宜）。倘言反悔，现□□（布告）八路军政查之。恐口难凭，故立具甘结存字为证。
>
> 民国二十七年四月十五号 八路军人员：成树田

甘结书中大概讲述了作为军人的成树田，由于违反规定容留外村人在本村，致使村业被损，八路军依据管理条例对成树田进行处罚。甘结书就是成树田被处罚后认错的保证书。虽然偷盗的地区位于八路军控制地区，但是对于偷盗的处理，八路军仍按民间习惯进行处理后，出具甘结书，确保类似的事情不再发生。虽然由于甘结书缺字，我们不能完全读懂其内容，但其侵犯到"村业"肯定无疑。至于"村业"是什么，甘结书中没有明确的交代，但可以肯定的是与村中公共财产有关。文书内容与我国西南、东南地区甘结书的书写形式没有太大的区别，都是因偷盗、

1　康香阁主编：《太行山文书精粹》第三章《村落文书·借据》，文物出版社2017年版，第132页。

赌博或做错事被处罚后，甘认被罚的公开承诺内容，属于赔赃后的延续处理手段，偷盗者以公开契约的形式保证承诺得到落实。可见，赔赃字与偷盗有关。

传统社会中，针对偷盗的文书，除了赔赃字外，还有各种不同的名称，有甘结约、愿书、愿认字、领字、赔赃票、赔赃契、求宥字、弓状字等。"赔"有时也书写为"培"，"赃"字有时也书写为"莊"。"赔"是指以财物补偿与偿还，"赃"指的是赃物。"赔赃"二字所指即为赔付盗窃所得的财物。这些名目不同的文书书写方式，虽不以赔赃书命名，但实际是偷盗及赔付过程中形成的文书，我们统称为赔赃书。由于赔赃书的书写具有契约的书写特点，有学者将之划入契约文书之列[1]。

二、赔赃之约

擒盗赔赃民间私了是最常见的处理方式，或是经众议后，让偷盗者签署"赔赃书""保证书""认非字"等。偷盗者除了在约中交代偷盗事实，陈述偷盗过程外，尚还列

---

1 学者通过对清水江文书关于"清白字"的研究，将具有赔赃性质的协议性文书划入契约类中进行考察。参见高扬、姜明：《民间社会与国家的互动：清水江文书所见"清白字"之研究》，《人口·社会·法制研究》2014年第1期，第197–209页；李晓娟：《清水江"清白"文书的特征研究》，《法制与社会》2017年第12期，第9–10页。

明赔罚的条款，出示给被盗者。赔赃书一旦签署，如果事实清楚，偷盗者极少能够反悔，也能起到惩戒作用。这些以"赔赃书"文约追回财物，惩戒偷盗的方式，在我国江南的徽州地区、清水江流域、浙南山区、福建闽南、河北等地发现的民间文书中，都存在着，只不过在不同地域，民间的赔赃形式与由赔赃而形成的"赔赃书"呈现出不同的地域特点而已。在清代的清水江流域，九寨侗族团练中的团首、团甲等在"赔赃书"的订立中扮演着重要的角色。在闽南、闽东地区，赔赃书的签订，地方职役人员发挥着重要的作用。在已经出版的《闽东家族文书》第一辑、第二辑中，以及已经整理尚未出版的赔赃书有清代的 15 张，民国 4 张，另有赔赃书的背面 1 张，赔赃书的包契纸 1 张，此外我们在闽东各地区也收集到一批赔赃书，尚未出版。

"偷盗"即为"窃取"，类似窃盗、掏摸，趁人不备盗取财物的行为，《大清律》的界定是"潜行隐而私窃取其财"[1]，所涉对象为私人财物，一般不涉及对于大宗公共财物的偷盗、抢占等。盗砍山场、霸占公共空间，侵占公共利益的行为属于侵犯公众行为，并不属于偷盗，而是公开的明抢。比如，上述光绪九年，寿宁县常洋村刘建城、刘建

1　田涛、郑秦点校：《大清律例》，法律出版社 1999 年版，第 418 页。

域兄弟，与硋窑村连氏家族因"牛中坑山场栽种的松、杉、竹、梅等山场，以及灌溉系统和水源"[1]产生的冲突，这种以合族形式对邻族财产进行侵占，显然并非个人偷窃行为。当然，个人对山林进行小量盗砍的隐秘行为，我们仍视之为偷盗，民间也多以惩戒性的赔赃书进行警示。

黄宗智曾经说："几乎每个村民都接触过庄稼或耕畜被盗的事情，特别是在动乱的民国时期。但是抓获窃贼时，村民们通常自行处罚而不是将其送交官府的刑事机构……乡村所发生的偷盗事件，大都不报告官府，村庄也不把窃贼扭送司法当局。"[2]当然，黄宗智所说的是民国时期的事情。厦门大学的先贤傅衣凌教授在《福建农村的耕畜租佃契约及其买卖文书》一文中，述说农村物权问题时，讲述了更早的案例，他曾抄录一则福建泉州南安的赔赃字，记载了民间通过私约处理偷盗者赔偿偷牛款的情况，转抄如下：

立赔赃字黄灿金。缘于本月初三日侦（偷）窃张

1　周正庆、郑勇主编：《闽东家族文书》第一辑《周宁卷》（上），"周宁县泗桥乡硋窑村连洪法家族"文书，广西师范大学出版社 2018 年版，第 70 页。

2　黄宗智：《清代的法律、社会与文化——民法的表达与实践》，上海书店出版社 2001 年版，第 45 页。

传芳耕牛乙口，经芳查获，投保理喻，自知不宜盗窃。自愿赔出牛价钱三千二百文正，其钱收楚，其牛交还牛主。自赔之后，永不敢别生枝节之理。恐口无凭，立赔赃字乙纸，付执为照。

光绪五年正月　日

立赔赃字：黄灿金（花押）

经见：地保徐本优（花押）[1]

可见，擒拿盗贼，追索赃款，天经地义，民间多以私法处之，正所谓"闽省州县习气，惯于暗地赔赃"[2]。私法对于偷盗的处置，特别是对于偷盗的赔付数额存在无章可循的乱状，具有较明显的惩罚性与随意性，尤其偏远的乡村，人们通过重罚偷盗者，达到以儆效尤的效果。同治六年七月（莆田）仓尾乡人林秀在寿宁县安章乡偷盗了杨敬家腹内带子的黄母牛二头，被要求赔偿牛价银三十元，赔偿金额远超出偷盗物件本身的价值，林秀立有求宥字为证，见图4-2：

1　参见傅衣凌：《福建农村的耕畜租佃契约及其买卖文书》，傅衣凌、杨国桢主编；厦门大学明清经济史研究组著：《明清福建社会与乡村经济》，厦门大学出版社1987年版，第77页。

2　（清）徐继畬：《松龛先生全集》，沈云龙主编：《近代中国史料丛刊续编》第42辑，中国台湾文海出版社1977年版，第141–143页。

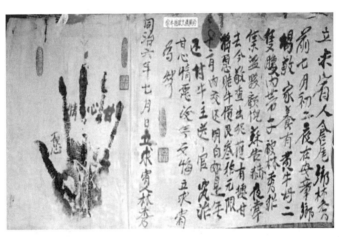

图4-2　同治六年七月林秀立求宥字

立求宥人仓尾乡林秀。前七月初二夜在安章乡杨敬家养有黄牛母二只，腹内带子，被林秀招集盗伙顾倪、苏告赫夜牵去。今敬查出，捉获有据，甘将愿赔牛价银三十元，限十二月内交还明白，如是无还付牛主，送官究治，甘心情愿，后无反悔，立求宥为照。

同治六年七月　日

立求宥人：林秀[1]

闽东的情况比莆田有过之而无不及，被盗方随心所欲提出索赔要求，没有一定的标准：

> 立赔赃字人徐林臻。缘因缺乏，就在本乡连起拳家于四月念日偷出雨伞物件，即日被拳查出赃真证实。经公连廷田向前和取，甘心情愿赔还庄（赃）酋（番）二元，当日无银现交，就将自己住屋一座左边一半，甘心作准为赔赃，期屋限至七月取赎，取回原契赃字，倘若过期利息依照加三，赃字准为卖屋正契行用，任凭拳边起佃收拾管业，且臻不敢异言之理，亦无另生枝节，两有允订言定，各毋后悔，恐口无凭，亲立赔赃契一纸，付与拳边为据者。

1 《同治六年七月林秀立求宥字》，私藏文书，由周宁县博物馆郑勇馆长提供。

光绪十二年五月吉日立赔赃契人：徐林臻（押）

经公见：连廷田（押）

代笔：萧舍菊（押）[1]

赔赃字显示，徐林臻偷盗两把雨伞，价值很小，但却以房屋作为抵押，如果偷盗者不在限期内理清赔赃之款，"赃字准为卖屋正契行用"，作为抵押物之屋厝将变为他人之产。

对于偷盗方而言，面对高额的罚款，虽然迫不得已签订"赔赃书"，但面对严酷的法律制裁，更是恐惧，两相权衡，尽管十分不愿，仍然签订"赔赃书"，承认盗窃事实，承诺赔款数额。考虑到偷盗方可能反悔，被盗方往往要求或强迫偷盗方在签订的"赔赃书"上画押，有些甚至被要求加以手印，为索赔和日后可能发生的诉讼起到证据的作用，具有极强的针对性。

除了物质上盗窃者需要赔付之外，偷盗方往往还要被施以"精神惩戒"。比如，请看"光绪二十六年三月黄玉叶仝黄上亨立赔赃字"，见图4-3。

立赔赃字黄玉叶仝黄上亨。（血夜）今在国焕家内

1　周正庆、郑勇主编：《闽东家族文书》第二辑《周宁卷》，"周宁县泗桥乡硋窑村连步兴家族"文书，广西师范大学出版社2021年版，第420页。

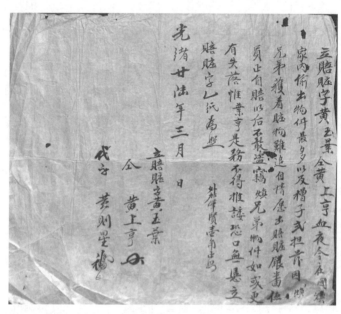

图4-3 光绪二十六年三月黄玉叶仝黄上亨立赔赃字

偷出物件（最多），以及榛子二担。兹因焕兄弟获着，赃物难追。自情愿出赔赃银番五员正，自赔以后，不敢盗窃焕兄弟物件。如或更有失落，唯叶、亨是务，不得推诿。恐口无凭，立赔赃字一纸为照。（外加笔资一角正）

光绪二十六年三月

立赔赃字：黄玉叶仝黄上亨（押）

代字：黄则星（押）[1]

黄玉叶、黄上亨二人偷盗国焕家的物件，除了赔赃银番五员正之外，还必须承担"焕兄弟物件如或更有失落"的所有责任，偷盗者的精神压力不可谓不大。

"赔赃书"的书写，在紧急情况下拟定时比较随便，比如小偷被抓，在被殴打、关押等折磨后书写的赔赃书，可能比较草率。但如果双方冷静后，牵涉到赔付的内容需要认真落实的，赔赃书的书写又显得非常认真与严肃，并不是双方随便口拟的记录。民国三年，屏南岑洋村偷盗者周玉应深夜潜入周亮书家中偷盗寿板一副，及十一尺天板一块，已经变卖，被周亮书擒获，被罚"赔番一百九十元

1　周正庆、郑勇主编：《闽东家族文书》第一辑《古田卷》（下），"古田县平湖镇溪坪村黄氏家族"文书，广西师范大学出版社 2018 年版，第 175 页。

正"[1]。对于这件事，村民十分郑重，在众人见证下，周玉应立赔赃字，留存的文书显示，赔赃书由赔赃字草稿和正稿二张组成，赔赃字的书写过程先草稿，后拟正，有见证人：周太乙、苏斯全做证，众人按压指模，完全按照契约的严谨度来执行。

赔赃书作为协约而签订，应是平等为之，但目前所见之赔赃书，多为不平等条约，书里充斥着种种被逼与无奈，赔偿的条款处处显出受害方的强势，面对条约中巨额的赔付，偷盗者的许诺是否得到执行？又是否存在着反悔违约的现象？盗者之约是否是权衡利弊后的真心写照？我们将在下一节展开探讨。

追赃索赔与乡村诚信

偷盗事件中，签订赔赃书时，被盗者作为受同情一方，肯定会利用受害人的身份漫天要价，谋取自己的最大利益。作为偷盗者，在被擒拿后，为了尽快得到解脱，最大限度地减少惩罚，紧急情况下也会随口许诺，万事皆可。然而，事情平息后，进入处罚程序，对于赃物的追讨与索赔的标

1　周正庆、郑勇主编：《闽东家族文书》第二辑《屏南卷》，"屏南县高溪乡岑洋村周氏家族"文书，广西师范大学出版社 2021 年版，第 486 页。

准，国家有国家的规定，民间有民间的处置方式，所谓国有国法，家有家规。在国法、家规二重框架下，双方再审视赔赃书，对于偷盗事实与细节，索赔的数与量有时会产生争议，甚至进入诉讼，在是与非之间，不仅考量司法者的公正，也涉及当事者与乡村社会的诚信。

一、"计赃论罪"与追赃索赔

对于盗取他人财物，国家有"律例"进行处置，自秦朝至明清，国家对于偷盗处理的基本原则是"计赃论罪"，比如，明代规定了偷盗数额与惩治措施的标准是：

> 一贯以下，杖六十。一贯之上至一十贯，杖七十。二十贯，杖八十。三十贯，杖九十。四十贯，杖一百。五十贯，杖六十，徒一年。六十贯，杖七十，徒一年半。七十贯，杖八十，徒二年。八十贯，杖九十，徒二年半。九十贯，杖一百，徒三年。一百贯，杖一百，流二千里。一百一十贯，杖一百，流二千五百里。一百二十贯，罪止杖一百，流三千里。[1]

清代也执行"并赃论罪"之法，"凡窃盗已行而不得

---

1 （明）李东阳等撰，申时行等重修：《大明会典》第四册，卷168《律例九·刑律一》，广陵书社 2007 年版，第 2342 页。

财，笞五十，免刺。但得财，以一主为重，并赃论罪"[1]。对于盗窃罪的量刑根据盗窃次数进行惩罚，"初犯，并于右小臂膊上刺'窃盗'二字。再犯，刺左小臂膊。三犯者，绞监候。以曾经刺字为坐"[2]。总之，对于偷盗行为，国法并不轻饶。面对国之苛法与法律途径索赔的繁杂，对于小偷小摸，民间多以私约进行处置。

"赔赃书"大多在宗族内由权威证人如族长、房长或是戚属，甚至是地保和公差参与和见证下签署。从公理角度上看，偷盗者必须执行赔付。道光二十四年四月二十日夜，屏南县九洋村周世眷潜入谢超积家中行窃，一个月后被查获，在公人张高颜、林大观、谢天付见证下，立赔赃字认罚，详情如下：

> 立赔赃字周世眷。缘本年四月二十日夜，用梯透入谢超积住屋楼中，盗得干谷四石，酒并（瓶）一只。盗后月余，被积查知，欲解官究治。眷知己罪，遂托公人张高颜、林大观、谢天付向积求饶，赔还赃物。时赔出钱四千文，其钱是积收讫。向后眷弃邪归正，再不敢为盗，如或牯（怙）终不悛，夆（逢）出赃字，

1　田涛、郑秦点校：《大清律例》，法律出版社1999年版，第391页。
2　田涛、郑秦点校：《大清律例》，法律出版社1999年版，第392页。

自甘坐罪。亦不敢妄生枝节，胡乱以非理加积身上，恐口难见，亲立赔赃字一纸为据。

道光二十四年六月吉日

亲立赔赃字：周世眷（押）

公人：张高颜、林大观、谢天付（押）[1]

需要注意的是，"赔赃书"的签订，如果被盗方强势，而弱势方又可以赔付，"赔赃书"大多得到执行。但如果偷盗者是强势方，"赔赃书"的签订内容与签订后条约是否得到执行？我们再看一件案例，光绪三十年（1904年）柘荣县游氏家族文书中的一则偷盗案显示，被盗一方游长兵自称"迈民"，家与庄稼被盗，自己无力缉盗，虽然报地保查证，无奈势单力薄，只能报官处理，自此以后，常遭"寻仇截殴"，报复欺凌，只好再报官处理，其状纸写道：

> 具禀迈民游长兵。为被盗，经获屡次寻仇，非蒙存案，势必酿成非命事。切民世居辖下王柏村，农商并务，毫非弗染。衅由前数年家遭贼盗，民当时随处查访，系是村恶偷盗游住盛盗去。民在前任兰巡主台下，已具控存参在案。谁知盗恶游住盛怪民来衙报盗，

<hr>

1　周正庆、郑勇主编：《闽东家族文书》第二辑《屏南卷》，"屏南县九洋村谢氏家族"文书，广西师范大学出版社2021年版，第94页。

屡次寻仇截殴，民因寒素，更兼村人劝息，以故含情隐忍，未为与较。孰料强波未杀，远浪千层，民去冬，家中桶簟糯谷又被盗去，央人向伊父理论，尔何纵子行盗？无如伊父游其武与其子同恶相济。民本五月间，田内栽种之菁，仅长寸余，尽被盗割。复胆私存不良之心，屡在桥亭佛塔许神祈愿，以暗箭伤人。民数年来，家遭财破。人忘（蒙）难，（难）以尽陈。现经眼见有人证据托验。弟风城于本八月初旬被遭毒殴，伤极沉重。又不能抬验。欲投保向论，保闻其人顽恶，无敢登门向伊理论……

光绪三十年八月中旬递[1]

从诉状中我们可以看出，游长兵完全可以将盗贼执获，签订"赔赃书"进行处理。但由于被盗者游长兵年迈，"赔赃书"并未得到签订，被迫诉诸官府，引至诉讼案发生。类似事件多次发生，导致"赔赃书"的权威在民众心目中大打折扣，给民众形成"赔赃书"只是强者胁迫弱者签订的赔赃保证书而已的坏形象，对于真正的无赖盗者并未起

1　周正庆、郑勇主编：《闽东家族文书》第一辑《柘荣卷》（上），"柘荣县黄柏乡南山村游兴住家族"文书，广西师范大学出版社2018年版，第294页。

到警示与处罚的作用。更有甚者，"赔赃书"的签订招致偷盗者报复，正义得不到伸张，造成民众因此产生心理惧怕的负面影响。

如果偷盗方进行反悔，加上宗族的支持，案件诉诸官府，赔赃书是否得到执行，官府又如何处置？我们通过福建省政和县澄源乡北斗村发生的诉讼案进行考察和分析。

政和县澄源乡北斗村群山环抱，地理位置相对封闭，2016年许姓村民在拆房时发现一组周氏家族文书，许氏找到周宁县博物馆馆长郑勇，将文书交到郑勇手上，郑勇再将这组文书交给笔者，希望我们共同对这组文书进行研究。周氏家族文书时间跨度从康熙三十七年（1698年）七月至公元一九五六年四月，由448件文书组成。虽然文书留存于北斗村许姓村民手中，但我们可以判断出，文书涉及当今已经成为行政村的北斗、上洋的许氏家族，寨里村周氏家族的土地买卖契约，还涉及周氏与许氏、吴氏、陈氏、王氏等周边村民的经济往来文书，其中保留有众多的土地买卖契约，较为完整的诉讼具状文书，以及凭票、婚书、许氏家族的分家书、民间科仪书等经济与生活类文书，完整地反映了周氏家族与许氏家族的关系，以及周氏家族在政和县、寿宁、周宁交界山区许氏聚落中繁衍的情况。

政和县地理位置十分重要，"地界浙江庆元，且为宁德、寿宁、屏南往来孔道"[1]。澄源乡，清属政和南里九都，位于政和东南，是政和通往寿宁的重要通道。周氏家族原居于澄源村，澄源村由许姓自上洋村迁入立村，取名汀洋村，清同治四年（1865年）改称澄源村。随后有陈、吴、王姓陆续迁入。从文书中我们可以知道，民国时期的澄源乡自然聚落分布有：上洋村、北斗村、澄源村、寨里村、车盘坑、坂当村、上椹洋村、下椹洋村、前村、顶洋村、菖蒲洋村、寨口村、大溪桥村、招壁村、静溪洋村、路下村、林家山村、后垄村等自然村。与文书记载相关联的上洋村、北斗村、澄源村、寨里村、前溪村许姓村落与上椹洋村，地理分布如图4-4所示。

澄源乡大姓有许、周、吴、叶、陈等姓氏，这些聚落就是许氏与周氏家族大致生活与活动的范围。澄源乡民风"重廉隅，崇礼教""无把持武断奔竞黩缘风气"，是"彬然道义之乡"，但西里、南里"细民每多好讼，一经上控，动辄负嵎以图诡脱"。[2]文书中的周辉生，康熙年间人，儿子周

---

1 （清）程鹏里、魏敬中修纂，政和县地方志编纂委员会点校，福建省地方志编纂委员会整理：《福建旧方志丛书·政和县志》卷1《地理志·风俗》，厦门大学出版社2010年版，第65页。

2 （清）程鹏里、魏敬中修纂，政和县地方志编纂委员会点校，福建省地方志编纂委员会整理：《福建旧方志丛书·政和县志》卷1《地理志·风俗》，厦门大学出版社2010年版，第64页。

图 4-4 清代政和及其周边地理位置示意图 [1]

1 本图以谭其骧主编《中国历史地图集》第八册《清时期·福建》(地图出版社 1982 年版,图幅:42-43)为底图改绘。

天鹏生活于乾隆至嘉庆时期。周氏家族居于上洋村、北斗村与澄源村东南寨里处。寨里有小溪通往寿宁，处于政和通寿宁区域经济中心纯池乡中央，小区域经济中心的地理位置十分重要。寨里村峡谷间有盆地，属南里九都，正是"细民好讼""以图诡脱"之处。周、王两家围绕王盛腾偷盗案展开的赔赃官司就发生在以北斗村为中心的这些山区。

澄源乡有四大姓氏，分别是许、吴、王、陈。许氏是澄源乡四大姓氏之首，其家族位于政和县澄源乡上洋村，有"梧桐世家"之美誉。周天鹏之父周辉生是上洋村许氏家的入赘女婿，周氏家族发展到周天鹏时期，已成上洋村富豪之家，在上洋村建有谷仓储存租谷。偷盗者为常居上洋村，籍贯为邻县寿宁县的惯贼王盛腾，是居于澄源乡的恶棍，其仗着"身充约捴［总］"的"奸恶陈子杰"的支持得以"横行乡里"，他们狼狈为奸，"日赌夜盗，坐地分肥"。周、王两家围绕偷盗产生的官司，背后反映了许、周家族与王、陈家族势力的角逐。

周天鹏所在的许氏家族于嘉庆年间至少两次与王盛腾发生盗窃纠纷，甚至因此而发生斗殴。嘉庆十四年（1809年）十一月，盗窃者王盛腾"用火烧孔进仓，窃去谷约有十余担"。周天鹏虽将此次偷盗"投明在案"，但最终并未将王盛腾当场捕获。嘉庆十六年（1811年）四月初四，王盛腾再一次"用火烧偷仓吼，偷去早谷十余担"。初五早，受害者周天鹏告至乡总吴元景处。吴元景会同地方乡差许进滔、许光松、陈子秀等前赴勘验，至午后，在后门山口荒粪庙［寮］内将前来搬取赃谷的王盛腾当场拿获，王盛腾为了脱身，写下"立退还原赃字"，接受惩罚，答应赔赃，赔赃字在上述篇章已经录入，兹不重复。

日后，周天鹏依据"立退还原赃字"要求王盛腾赔付赃物，王盛腾声称"立退还原赃字"是遭胁迫不得已而为之，拒绝履行书中协议，引发周天鹏不满，诉诸官府，下则投呈状是周天鹏第一次将王盛腾告至官府的诉讼文书：

> 为禀明赃确事。本初五早，据周天鹏投称，昨夜伊仓楼谷被贼窃去等语，本同地方许进滔、许光松、陈子秀等看验鹏仓谷，其仓用火烧孔进仓，窃去谷约有十余担，地方协令鹏及伊子细查，至午后密本及地方等，称伊查有赃据，谷二袋藏在后门山口荒粪庙［寮］内，上面用茅草遮盖等语。本全地方看验，令鹏子躲守。止王任盛腾一人来此搬谷，拿获投本地方等，捆缚送台法究追赃。本属台下奴婢，合具实情缘由禀叩。伏乞恩主太老爷台下发夺施行，为此具禀。

> 绑 炳帖

> 投呈周天鹏五十一岁住澄源八十里

照理案件本应因双方订立"立退还原赃字"而走向和解，但在查验赃物后的第二天，偷盗方王盛腾进行反悔，提起上诉，表示异议。投呈状中王盛腾称他并未偷盗周天鹏财物，而是周天鹏将其母亲捆至上洋村，在周天鹏的威迫下，被迫书写"立退还原赃字"。据此，官府"候传周天鹏到案质讯"，案情产生反复。

嘉庆十六年四月初七日，由于案情拖沓，周天鹏再次对王盛腾盗谷之事进行控告，而王盛腾又再次申诉，表明自己没有"作奸犯科之事"，也没有"鼠矛雀角"之争，是"作耕生理，禀守法纪"的良民。至于周天鹏"失谷十上余担"，自己"孤身一夜之中，焉能窃挑如是之多"谷，"明系土豪蠢总朋（鹏）仝欺蚁"所致。周氏控告，实属栽赃诬陷之举，完全是周天鹏捏造的子虚乌有之事。

对于"立退还原赃字"之事，王盛腾在控状中作了如此解释，他说由于自己被"押到朋（鹏）家，私刑吊拷"，熬苦不过，才承认偷盗行为。"立退还原赃字"是周天鹏串通恶棍许宝章等写就认赃字稿，迫勒其誉正，并按画押而成。以上的一切事实，自己有被拷伤痕为证。希望得到县太爷的公正处理。

在我们所收集的文书中，发现了官府审理王盛腾过程中录下的一份口供，文书残损严重，是这样记载的：

□□□供

□□□十月初四这周天□□□于初五日周天朋（鹏）□□□小的蒙业搜赃，将小的拿捆至半路□□□立赔赃字一。小的被捆受殴，无奈才写立这字，小的实未偷窃他谷子，求悬察。

□腾管押□传周天朋（鹏）到□□□谕。

虽然文书有所残缺，但我们仍然可以判断出其记载的基本内容，口供表达了"立退还原赃字"是"被捆受殴，无奈才写立"，据乾隆年间修纂的大清律例规定："民间词讼细事，如田亩之界址，沟洫亲属之远近亲疏，许令乡保查明，呈报该州县官，务即亲加剖断，不得批令乡地处理完结，如有不经亲审批结案者，该管上司即行查参照例议处"[1]。显然，王盛腾依据法律进行反诉，但法律上又有规定对偷盗行为进行严惩，最终的结果是官府与周天鹏、王盛腾围绕"立退还原赃字"所述说内容的真假进行旷日持久的举证，最后不了了之。

综上所述，"赔赃书"是民间自发形成的惩戒机制，对于维系基层社会治安起到一定的作用，但民间在执行过程

1　张荣铮等点校：《大清律例》卷30《刑律·诉讼》"告状不受理"条，天津古籍出版社1993年版，第515–516页。

中，难以完全产生正面的作用，一方面，被盗方的漫天要价容易引致日后矛盾的产生，特别是乡间无赖更是借"赔赃书"不公之辞，对被盗方进行报复纠缠，"赔赃书"权威性得不到保证，民间也因旷日持久的纠葛而失去支持正义的耐心。另一方面，官府并不支持"赔赃书"对于偷盗行为的私了处置，"立赔赃字"一旦进入诉讼环节，特别是在宗族利益与地方势力的参与下，赔赃进入公罚阶段，事情就显得复杂无比，迁延时日，无法结案。不可否认，"立赔赃字"等民间私约对于整肃社会治安行为具有一定的积极作用，但其作用不可高估，更不可上升到与法律比肩的地位，"赔赃"只是在一定范围内，特定的条件下得到执行，与赔赃书的订立不公、官府不支持等因素有关。由此可见，赔赃书的订立是有条件下的行为，并不一定是内心诚信精神的体现。但在民间层面，却被广泛接受，也具有合理的成分。在被抓与被罚之间，小偷选择了私下认罚。在送官与追赃之间，受害者选择了私了，多方协议形成的赔赃书，是偷盗两造与参与者多方协商的结果，是权衡利弊后做出的决定，很难说不是多方"合意"的契约。

第五章　天地契阔与依契而婚

美好婚姻的图景是两情相悦，由此山盟海誓，走入婚姻殿堂，建立起幸福的家庭，从此你侬我侬，相伴一生。然而这一切都要建立在可信的山盟海誓之上，但毕竟山盟海誓是一种口头约定，只有将这种口头约定，通过媒人的沟通，家长的操持，固定为婚姻条约，举行相应的礼仪，予以公众见证，才能得到让人放心的婚姻保证。在这个过程中，衍生出各种婚姻的礼仪，最后凝结为"六礼"。婚姻"六礼"实际上是男女双方婚姻的契约，并由契约建起的姻亲关联关系，婚姻关系一旦终止，也就意味着契约的终止与失效。聘礼单是婚书中最明显的契约，是男女双方承诺财物的合同。典卖婚更是如此，婚契就是婚姻买卖双方的约定，从婚契中，我们可以看到契约文书的形制对于典卖婚的影响，如一夫二妻、卖身不卖骨等处处透露出田地典卖契约中似曾相识的用语。

天地契阔与子相约

最美好的婚姻莫过于"愿得一心人，白头不相离"的长相厮守，一首《上邪》成为千古绝唱，"上邪！我欲与君相知，长命无绝衰。山无陵，江水为竭。冬雷震震，夏雨雪，天地合，乃敢与君绝！"[1]山盟海誓的言辞何等令人震撼与动容！然而，婚姻不仅需要有宏大的承诺，更在意实在的维护与人间的烟火，笔者更欣赏"死生契阔，与子成说。执子之手，与子偕老"的朴实与静好。"执子之手，与子偕老"必须建立在"死生契阔，与子成说"之上，当中"成说"说的就是男女之间的一种信约，而这种信约通过婚礼中六个环节的婚书进行保证，"六礼"产生的婚书实质上是婚姻缔结过程中男女之间，并由此扩展到双方家庭之间的契约。

一、从"六礼"至"三礼"

婚姻不仅是人生的重要阶段，也是两个家庭联结的联

1　郭茂倩:《乐府诗集全鉴》，中国纺织出版社 2019 年版，第 26 页。

盟，自古至今人们都十分重视，以隆重的仪式举行见证，周代便"以阴礼教亲"[1]达到"民不怨"[2]的目的。所谓阴礼即是婚礼，即国家通过对婚礼制规，引导"民不怨"。随着社会的变革，中国古代婚礼经过了由繁至简，从"六礼"至"三礼"，由务虚向务实转化的过程。

中国婚礼源远流长，从传说中的女娲开始，人们便构建了各式各样的婚姻礼俗，所谓"上古男女无别，太昊始设嫁娶，以俪皮为礼"[3]，俪皮（鹿皮）成了伏羲氏时代婚礼的见证。此后"三书""六礼"贯穿夏商婚姻殿堂。所谓"三书"，相当于后代的乾坤书、聘礼书与吉课书，"三书"与"六礼"相互比匹，使用于婚礼全程。这个过程非常繁杂，包括婚前的前期礼仪，如延请媒人的请冰礼，问名、纳吉等家长礼。正婚过程中的合卺与妇成礼（闹洞房）、馂余设衽礼（合床礼）等。婚后的成妇礼，包括拜见姑舅礼、回娘礼等。至周代，孔子将"三书""六礼"合并为六个阶段，《仪礼》中对六礼的礼仪程序作了详细的规定，比如礼仪中的宾主坐向、坐姿，聘礼物品与数量、礼器等，仪式

1　陈成国点校：《周礼》，《地官司徒第二》，岳麓书社1989年版，第27页。

2　陈成国点校：《周礼》，《地官司徒第二》，岳麓书社1989年版，第28页。

3　（元）陈桱：《通鉴续编》，卷一《盘古氏至高辛氏》，元至正二十一年顾逖刻本，第50页。

繁多。从此中国古代贵族婚礼固定为"六礼",即纳采、问名、纳吉、纳征、请期、亲迎。"六礼"每个阶段都有相应的婚书与之对应,礼仪仍然十分繁杂。

宋代,朱熹家礼对"六礼"作了简化处理,只保留了"纳采、纳币、请期"三种礼仪[1]。宋代以后,礼下庶人,民间婚礼中普遍采用简化的"三礼",至洪武元年,政府"定制用之"[2]。清承明制,民间婚俗自然遵从"三礼"而非繁杂的"六礼"习俗。清嘉庆年间,福建省福鼎县民间婚姻缔结的程序是:

> 女家以女生辰书贴送男家,曰送庚;男家卜之吉,以男生辰送女家,曰回庚。行纳采礼,曰小定。纳币备钗钏、绫缎、饼果、聘金之属,曰大定。请期,曰送日。及期,婿不亲迎,择宾三四人赴女家,曰长接。妇至,行交拜合卺礼。夕,宾送灯设席,请主人,曰闹房。厥明,妇见于舅姑及族戚,遍拜之,曰序伦。以女红献尊长,姻娅有差,曰上贺。三日,女家来饷食,曰馁女。又二日,女偕婿省父母,曰回门,即古

---

1 朱杰人、严佐之、刘永翔主编:《朱子全书》第7册,上海古籍出版社2002年版,第896–899页。

2 《明史》卷55《志》第31《庶人婚礼》,中华书局1982年版,第1304页。

友马意。[1]

福鼎县志中所载的"小定""大定""请期",实为"纳采、纳币、请期"三礼。清中期以后的闽东方志,我们随处可见类似"虽六礼未备,亦庶几有古意"[2]的言辞记载,说明在清代,民间已经奉行简化后的"三礼",并没有实行"六礼"般的复杂程序。

清中后期,民主思维渐开,政府要求民众至政府领取结婚证书,政府尊重民俗,所颁发的婚书格式包括籍贯、父祖三代姓名、男女行次、年庚,主婚人、冰媒、见证人等,参与之人花押也一应俱全,几乎与之前民间所用的乾坤书内容相同。即使如此,结婚证书的内容与格式改变不大,但民众也甚少前往政府领取婚书。乡村社会依然尊行"三礼"礼仪,清末,政府力推新式婚礼,但效果不佳[3]。在福建,民国二十八年(1939年),古田县县令黄澄渊推行"节约运动""提倡集团结婚",要求"娶妇预报社会服务处"[4],

---

1　嘉庆《福鼎县志》卷2《风俗》,上海书店出版社2000年版,第54页。

2　道光《政和县志》卷1《地理志·风俗》,厦门大学出版社2010年版,第66页。

3　参见吴佩林:《清末新政时期官制婚书之推行——以四川为例》,《历史研究》2011年第5期,第78-95、191页。

4　民国《古田县志》卷21《礼俗志》,上海书店出版社2000年版,第530页。

由政府统一安排"文明婚礼"[1]。晚清至民国初年，虽然在政府倡议下，福建各地存在着"新旧两式"婚礼，但仍采"六礼"框架下的旧式婚礼为主[2]。

民间婚书被发现较早，前述所言敦煌所出土的"休妻书"，虽为唐宋时期，但不具连续性，我们无法对中古以前的婚书进行系统细致的演变研究。咸丰年间开始，民间婚书批量出现，具有连续性，给我们提供了婚书的内容与形制演变研究的实物证据。自2014年，笔者对民间婚书开始关注，进行收集，并将之与家族文书一起出版，从已经出版的《闽东家族文书》来看，《闽东家族文书》第一辑中收录的正式婚书7件，1949年以后的结婚证2张，变例婚书11件，总计20件。第二辑收录的正式婚书9件（其中一件残损），变例婚书5件，1949年以后的结婚证1张，总计15件。已经出版的婚书总计35件。已经整理未出版的正式婚书31件，变例婚书16件，共47件。目前为止，笔者收集到的已出版与未出版的婚书约为66件，其分布情况是，咸丰年间4件，其中周宁县3件，屏南县1件；光绪

---

1 民国《古田县志》卷21《礼俗志》，上海书店出版社2000年版，第530页。
2 民国《厦门市志》卷20《礼俗志》，上海书店出版社2000年版，第419页。

年间 19 件，其中周宁县 4 件，柘荣县 2 件，寿宁县 5 件，屏南县 1 件，古田县 2 件，永泰县 3 件，政和县 1 件，不详地区 1 件；宣统年间 2 件，其中古田县 1 件，永泰县 1 件；民国年间 28 件，其中周宁县 5 件，寿宁县、永泰县各 4 件，柘荣县、屏南县各 3 件，宁德县 2 件，古田县、福鼎县、建阳县各 1 件，地区不明 4 件；1949 年以后为 13 件。除此之外，散落于闽东博物馆中的婚书有 20 多件，目前为止，笔者看到的婚书总数为 100 余件。笔者拟以收集到的福建地区 100 多件婚书为例，通过对婚书的内容、版式演变态势进行研究，窥探民间婚书中的契约精神。

从清代留存下来的民间婚书来看，婚礼围绕纳采、纳币、迎亲三个程序展开，相对应的婚书为乾坤书、聘礼单与吉课书，婚礼的三个环节虽说贯穿着儒家礼仪，但更多是家庭双方的反复协商、契约与践约的过程。

（一）乾坤书与情定三生。乾坤书又称庚帖，上书男女双方的姓名、生辰八字、籍贯、祖宗三代，用于婚礼的问名与纳采阶段，用于婚姻的初定，其功能主要是言定，相当于婚姻的口头约定的文字见证，正如宋人所谓"纳其采择之礼，即今俗所谓之言定也"[1]。因乾坤书主要用于提供提

1　朱杰人、严佐之、刘永翔主编：《朱子全书》第 7 册，上海古籍出版社 2002 年版，第 896 页。

亲男女的生辰八字，又称年庚，在文字作品中多以庚帖谓之，比如《牡丹亭》中有载："杜丽娘，小字有庚帖，年华二八，正是婚时节。[1]"

古代的婚姻在进入婚礼阶段前，双方先延请媒人，然后通过媒人行帖，对婚礼各个程序进行沟通，"男女订婚，先请女家庚帖，庚帖所书，为年月日时之八字"[2]。一般情况下，由女方提供庚帖，书写坤书，以礼相问，上书祖孙三代籍贯，女方的生辰八字，以便男方查询与卜吉。男方回复答允书，启动婚礼程序，所谓"乾书书启，坤书书礼"[3]，所以乾坤书又称"礼帖"，男方对女方的家世进行核查。清末民国初年胡朴安对江南人使用庚帖情况作了这样的描述："庚帖由冰人送至乾宅，是否以一月为定，不能过日，一月之中，乾宅须将庚帖请瞽者合婚，或赴神庙求签。如卜之吉，则央冰人向坤宅报告，选口缠红。否则将庚帖送还。闻亦有不问卜者，谓之天婚。庚帖送来时，乾宅以米淘箩一只，红筷一把，上覆红巾，供天井中，设香案一，冰人

1　（元）汤显祖：《牡丹亭》，吴书荫校点，辽宁教育出版社1997年版，第87页。

2　（清）徐珂：《清稗类钞》，《婚姻类》，商务印书馆1918年版，第10页。

3　（明）冯梦龙：《寿宁待志》卷上《风俗》，福建人民出版社1983年版，第51页。

即将庚帖安放笋中，不顾而去。[1]"根据胡朴安记载，庚帖由女方发起，先有坤书，男方在一个月内必须回复女方是否同意，如果同意，则出示乾书，乾书就是男方许诺女方婚事的见证。

由女方先行坤书的习俗在我国东南地区也普遍流行，福建省上杭县称之为"打婚纸"，即"两姓结婚，媒妁向女家以白纸开具女生年月日时，送往男家，谓之打婚纸。女家不合意，则不出婚纸，即古纳采、问名之意"[2]。著名人类学家林耀华先生以写实的文笔，在《金翼》一书中对乾坤书的使用作了精彩的描写。《金翼》以小说体的形式，讲述了民国初年古田地区黄东林与张芬洲两家兴衰的历史。书中有一段对乾坤书的使用作了如下的描述：在张芬洲的新居，作为媒人的张芬洲堂弟张茂恒，受女家王立阳委托前来给张芬洲的儿子张茂德做媒，到了张家新居后，他将一个"红信封"交给张芬洲，"红信封"里装有一封帖子，帖子上面写有王立阳本人以及女儿王蕙兰，父亲和祖父三代的生辰八字，张王两家的婚礼开启了"提亲的第一步"[3]。很

1　胡朴安：《中华全国风俗志》下编，河北人民出版社 1986 年版，第 234 页。

2　民国《上杭县志》卷 20《礼俗志》，上海书店出版社 2000 年版，第 247 页。

3　林耀华：《金翼：中国家族制度的社会学研究》，庄孔韶、林余成译，生活·读书·新知三联书店 1989 年版，第 35 页。

明显，这是女方向男方发出的坤书，对于坤书的使用，林耀华进一步描述：张芬洲将女方情况通过祭祀的方式告诉祖宗，三天过去了，家里没有异样，说明祖宗同意了，便进入卜吉阶段。张芬洲再将张茂德与王蕙兰的生辰写上，小心翼翼放入"红信封"，揣在怀里，找占卜先生对两人的八字卜吉，婚礼持续推进。无疑，林耀华先生在《金翼》中描写的就是乾坤书的使用情况。

文学作品与方志记载多用庚帖一词，民间婚书更多使用"乾坤书"一词。乾坤书最重要的功能是答允，是婚姻缔结前期阶段，双方家长是否同意婚姻缔结的凭证。所以乾坤书又称"通庚"[1]或"小定"[2]。乾坤书的签订，标志着婚姻关系得到婚姻双方家庭的认可，是婚礼的第一个阶段。之后，婚礼才能进入下一个阶段，即"先问名，继纳币，届吉期"[3]。表5-1中14件乾坤书就见证了清末民初闽东乾坤书的具体情形。

1　民国《古田县志》卷21《礼俗志·昏礼》，第530页。

2　嘉庆《福鼎县志》卷2《风俗》，上海书店出版社2000年版，第220页。

3　（清）翁天祜、吕渭英修：光绪《续修浦城县志》卷6《风俗》，上海书店出版社2000年版，第97页。

表 5-1　清末至民国闽东民间乾坤书名录 [1]

序号	婚书名称	婚书类别	发现地	资料来源
1	咸丰元年三月吴添灿立乾书	乾书	周宁县浦源乡浦源村	第一辑《周宁卷》(下),第 581 页
2	咸丰二年十二月宋中庆立坤书	坤书	周宁县浦源乡浦源村	第一辑《周宁卷》(下),第 582 页
3	咸丰三年郑锡辉立坤书	坤书	屏南县	未出版
4	光绪八年郑义仪立坤书	坤书	周宁县泗桥乡周墩村	未出版
5	光绪十二年陈荣翰立坤书	坤书(凤柬)	永泰县	未出版
6	光绪十四年林好金立乾书	乾书(鸾章)	周宁县泗桥镇	未出版
7	光绪十七年三月林绍钢立乾书	乾书	周宁县浦源乡浦源村	第一辑《周宁卷》(下),第 583 页
8	光绪二十年三月黄志芳立坤书	坤书	寿宁县芹洋乡芹洋村	第二辑《寿宁卷》,第 461 页

1　本章未出版婚书又未注明出处的婚书均收藏于周宁县博物馆。

序号	婚书名称	婚书类别	发现地	资料来源
9	光绪二十六年尤廷献立乾书	乾书	周宁县	未出版
10	宣统三年乾书残片	乾书	永泰县	未出版
11	民国三年何天赐立坤书	坤书	周宁县泗桥乡	未出版
12	民国十四年傅先寿立坤书	坤书	宁德市蕉城区九都镇贵村	未出版
13	民国十八年坤书（残件）	坤书	宁德市蕉城区九都镇贵村	未出版
14	民国三十一年陈立志立乾书	乾书	屏南县	未出版

《周礼》与《仪礼》制定的婚礼规定，是针对王族与贵族而言，在古代，礼不下庶人，庶人没有什么婚礼的正式规定。但是，婚姻大事，民间视之与科举并重，参照礼仪规制，举行婚礼，渐成习俗。唐宋至明代民间婚书的形制，在政府的规定与民间变通下，逐渐形成了一定的"制作"程序，有基本的版式规范、需要遵循的写作要求与内容规范[1]。

1　参见阿风：《卖身"婚书"考》，《明史研究论丛》，2007 年，第 167–177 页。

从咸丰初年开始，留存的婚书显示，婚书的形制经过了一个由繁至简，功能逐渐明晰的过程。

咸丰年间的闽东婚书已经发展成为活套式"民间通俗类书"。所谓"民间通俗类书"，即是由民间作坊刊印的，售卖于集市，"为民间日用的兔园册子"[1]。活套式民间通俗类书是由民间作坊先印制好书写格式，民众购买后按规定的样式填写具体内容，有统一的版式规格和民众认可的书写内容。

咸丰初年，民间婚书遵循"婚书书礼"的要求，婚书的制定，尽显礼教风范，特别是清政府强调男女订婚，要立婚书依礼聘嫁，"务要两家明白通知，各从所愿，写立婚书，依礼聘嫁"[2]。所以各地方对婚俗的记载中多有"婚姻须媒氏撮合""男家遣媒征女家同意""问毕将庚帖交换，决于星命家，占曰吉而婚始定"等言辞，显示民间婚姻必须延请冰人，由父母尊长主婚。闽东的婚书所见，父母、尊长与冰人是婚书书写的必备要素，婚书所见，父母、尊长、冰人处处皆在，比如"咸丰三年（1853年）郑锡辉立坤

1　郑振铎：《西谛书跋》，文物出版社1963年版，第11页。
2　张荣铮等点校：《大清律例》卷10《户律·婚姻》，天津古籍出版社1993年版，第217页。

书"[1]，婚书落款处有如下记载：

> 天长地久　主婚　父　郑锡辉　福
> 合璧连珠　从命　女　郑冬玉　喜
> 光前裕后　冰人　郑祖肖　　禄
> 　　　　　代书　郑绍贶　　寿

又如，光绪年间寿宁县的一件乾坤书是这样写的：

　　姻侍忝眷刘门苏氏端□

　　大邦杰尊姻翁禧翁陈老先生大人执事

　　大闺秀尊姻母陈府黄老孺人大人查右

　　贯本邑本乡寿宁乡护仁里龙源境岭头坊世居，主婚祖母苏□

　　为汝孙女保弟，坤造，己酉年六月十六日辰时庆生。凭媒议姻，吉。

　　峕

　　凤集岁次己酉年腊月谷旦日立

　　主婚祖母：苏氏　　仁

　　辅婚父：炎长　　　义

　　　母：游氏　　　　礼

1　文书出处与实图参见第五章图5-2，"咸丰三年郑锡辉立坤书"。

从命次孙女：保弟　智

月下老：黄后祯　　信[1]

这是一份祖母为孙女"保弟"主婚的坤书，保弟生于"己酉年六月十六日"。己酉年即为宣统元年。至同年腊月，保弟订婚时仅6个月大，便由祖母为其主婚，签下坤书[2]。乾坤书中主婚人、辅婚人等分别冠以仁、义、礼、智、信的称谓，其中含义不言而喻。

婚姻中父母与冰人的功能，除了礼制需要，其实也存在着实用的功能。婚姻最害怕的是被欺骗，民间有话"男怕入错行，女怕嫁错郎"，要想不嫁错郎，就必须查清楚对象的底细，由父母与冰人出面去协调，其实也是有必要的，所以，在儒教的外衣下，乾坤书最大的作用是务实的查家宅功能，以此判断对方家世。笔者在周宁县博物馆发现了三张清末至民国乾坤书，其中二张是寿宁县的乾坤书，一张是永泰县的。寿宁县的一张乾书交代了男方住址是"贯本邑十五都奉政乡贺恩里溪南境洋尾厝世居"，另一张是坤书，父亲刘世松为女儿主婚，上书世居地是"贯本邑下五都寿宁县获仁里登龙境限头世居"。在熟人社会中，人们根

1　戊辰年黄从修立主婚书、光绪十一年刘世松立定帖，郑勇提供。
2　戊辰年黄从修立主婚书、光绪十一年刘世松立定帖，郑勇提供。

据乾坤书上的籍贯记载，很容易了解到对方家世与人品，有些乾坤书，甚至写明三代，以示家世清白。宣统三年永泰乾书上是一张由祖父主婚的乾书，上书男方家简要的谱系，交代了三代的姓名、籍贯：

一、籍贯：世居吉永二十五都一图六甲

一、三代：曾祖讳时苑，祖印云芳，父名树全

一、年庚：乾造，庚子年十月十三日子时生

一、名：焕椿

一、序：居长

乾坤书一般由三部分组成，分别是收帖人、请允语（答允词）、落款。咸丰初年的乾坤书，通篇虚言，突显礼制规式。以咸丰元年三月吴添灿立乾书为例，我们看到乾坤书的书写非常迂腐、烦琐。这张婚书上写"延凌邑忝姻弟吴添灿薰沐顿首拜。大懿德张府陈氏尊母老儒人妆次"，客气一番后，还未进入请允模式，仍继续行赞语，甚至赋诗一首，表达自己的愉悦心情，"伏以：日丽江河浪暖鱼龙昭变化，风啸苑囿阳和桃李播馨香。天作良缘，人偕佳偶。际此良晨，瑞成比翼"。接着又赞美女子母亲，称之为"德色九娴皆备，声价万倍高增。躬修孝友，外无闲于人言""德何幸乔松之风，不弃葑菲之采，为作朱陈盟，重

图5-1 咸丰元年三月吴添灿立乾书

蒸成秦晋缘"。第二部分应为求婚请允之语，却与赞美之词连接，接着赞美女子："坚羡令千金兰蕙芳姿，定凝中榔之供"，提到自己儿子时，又是一番谦逊之语："愧小儿顽顿弱质，未获诗礼之传"，到答允环节，还是酸不可言地胡诌道："伏愿友瑟支琴，伉俪百年偕老，宜家宜室，丝萝五世其昌"，最后用艰涩之语进行答允："尊慈府阳，鉴亮不宣。"通篇读下来，云里雾里，依稀见到穿着长衫的老先生在喃喃！

乾坤书是婚礼的前期阶段，纳采与问名相连，本意双方行礼，涉及财物方面意思意思就行，不必重礼，然而咸丰初年的乾坤书，并非如此，看其礼单，实际上是一份聘礼单，所以此时的乾坤书还存在着乾坤书与聘礼单不分的情形。

以"咸丰三年郑锡辉立坤书"[1]为例，此书写于龙凤帖上，浅黄色书写纸，如图5-2所示。龙凤帖是清代民间书写乾坤书的版式，上述婚书是女方父亲郑锡辉向男方父亲张廷镒、母亲谢氏开具，是一张坤书，但书中的行文却是以男方家长的语气所写，比如坤书中有"高谊不弃寒微，允以贤郎张玉梨与令爱郑冬玉联姻缔结朱陈之好"，便是男方之言。婚书书写于浅黄色白纸上，长104厘米、宽23.5厘米，五折六面。封面为木制雕版印制，上双凤下双龙，凤头龙尾均向下，两两相对作萦绕状，双凤中间拥"囍"字样，即是闽东民间所说的"龙凤帖"。郑氏与张氏共同书写的乾坤书，由三部分组成。第一部分是敬复语，答允男方提出的婚事。是乾坤书的形制与功能。第二部分是聘礼单。第三部分是落款。从乾坤书的内容看，第二部分聘礼单应是婚姻重点关注所在，当中有婚仪所需的钱银

---

1 屏南县博物馆藏。婚书落款时间，没有具体说明，只写癸丑年，癸丑年在清代中期至民国只有三个时间点，分别是：乾隆五十八年、咸丰三年和民国二年。从我们已经收集到的闽东民间40多个家族文书及闽东古玩店中，没有看到乾隆年间的清代乾坤书，故乾隆年间的婚书可以排除，也非民国年间婚书书写风格。参考2012年12月28日《潇湘晨报》采访报道收藏者杨洁提供的咸丰八年婚书图片，及其对婚书版式的描述："它书写在黄色硬纸板上。婚书左侧有漂亮的双龙双凤板书，中间有一个硕大的'囍'字"，与笔者收集到的这张图片版头图案完全一致。又参考全国其他地方收藏者提供清代婚书式样，笔者认定此坤书为咸丰三年之作。

等财礼，鸡鸭鱼肉等物礼。乾坤书中有对女方的"海誓山盟，天长地久，永为好者"的承诺，又强调是经过双方约定的、具有契约意义的"宝婚斯协"，中缝书写"合同为照"，中间裁开，一式两份，显然是综合了"纳采"文书中答允书的内容，将之与"纳币"文书中的聘礼单进行合并，可见此乾坤书的书写内容较为繁杂，功能定位较为模糊。

咸丰年间以后，乾坤书都剥离了聘礼内容。光绪年间的乾坤书就是如此，只保留了答允书的功能与"男女出生的年月日与时辰""开具己身及祖父三代姓名里贯"[1]等名目。民国初年婚书发展成为简明的活套民间通俗类书，乾坤书多以印制的版式为主，表 5-1 收集到的民国初年的乾坤书共有四件，长约 90 厘米、宽约 23 厘米，均为木刻雕版印制件，红底黑字，由封面与封底组成，共 7 折 9 面，每面中间用黑边装饰。最后，回归到答允功能。

图 5-3 为民国时期的乾坤书。第一面为封面，龙凤图案饰边，中间留空书写行帖方、受帖方姓名及敬语。第二至第五面：印制有"螽斯衍庆"或"麟趾呈祥"字样，作为版式的字底，中间留空。第六面，留空书写婚姻事项。第七、八面，版式字底书有"联珠"或"合璧"字样，用

1　郭松义、定宜庄：《清代民间婚书研究》，人民出版社 2005 年版，第 37 页。

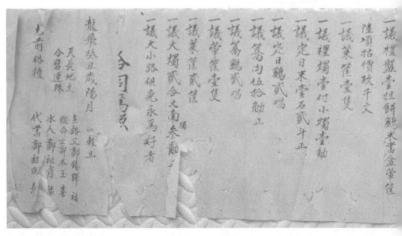

一議禮蜀壹担餅鷄末書金簪壹

陸項拈價玖千文

一議菜筵壹隻

一議禮燭壹付小燭壹劫

一議篙鷄貳唱

一議定日某壹石貳斗正

一議窆日鷄貳唱

一議篙勾伍拾劫工

一議篙鷄貳唱

一議草筵壹隻

一議菜筵貳筵

一議大燭貳合文南叄劫

一議大小路供免永為好者

右前書後

龍飛癸丑歲陽月

天長地久

合昌連珠

主婚父郑锡辉　福

從命玉郎奉玉善　敬立

水人新祖肯　張

代書新祖明　書

图 5-2　咸丰三年郑锡辉立坤书

图 5-3　民国初年乾坤书示例

于落款。最后为封底，五个胖福娃手捧莲花、芭蕉叶、戟等吉祥物，暗示"五福临门"，有瓜瓞延绵，弘扬祖先大业、大吉大利等寓意。

民国初年乾坤婚书的形制，显然属于活套民间通俗类书，其程序化更明显，书写风格更简洁，除了封面与封底外，只写启、复婚事内容，明显只具定帖功能。

乾坤书是婚姻中一方赖以判断对方道德人品的重要信证，必须真实可信，不能作假，一旦被发现作假，轻则人品尽失，重则可吃官司，正如元人所说："合婚问卜若都好，有钞；只怕假做庚帖被人告，吃拷。"[1] 所以从一个侧面来看，乾坤书是婚姻承诺的开始，忠诚的开头。

（二）聘礼单与婚姻的落定。婚礼的第二个阶段是"纳征"，也即"纳币"，进入实质性婚姻落实阶段。双方家长围绕聘礼进行商讨。男方家将商量结果，"具书，遣使如女氏，女氏受书，复书"[2]，礼成。朱熹所说的"书"即聘礼书，"纳征"对应的婚书为聘礼书，在闽东为单张件，更确切地说，应为聘礼单，从留存的福建聘礼单来看，

---

1 （明）高明撰：《琵琶记·丞相教女》，蔡运长注，华夏出版社2000年版，第47页。

2 朱杰人、严佐之、刘永翔主编：《朱子全书》（第7册）卷3，上海古籍出版社2002年版，第897页。

大多为男女双方的协议、合同、约定，具有明显的契约性质。

聘礼单书写与成婚时间留有一段距离，以便双方筹备礼金与嫁妆。周宁县博物馆收藏有一件永泰地区光绪十六年（1890 年）林名元聘礼合约书，合约书以合同的形式书写，一式两份，上书：

> 立礼纳姻眷教弟林名元顿首拜：
>
> 一议言约小女甲午年四月还亲。言约聘金番银三十三元足重正。言约礼肉三十斤正。言约递年聘金番银喜支五元正。言约礼布蓝六匹，又彩布一匹。言约过门肉、面担一双。
>
> 龙飞岁次庚寅年月吉日立
> 双喜礼约

根据"言约小女甲午年四月还亲"时间推算，庚寅年立聘约，甲午年成婚，中间间隔四年。

聘礼单不仅是关于聘礼的合同，实质上也是承诺与践约的契约，有"钱到货清"之意，另一份仍然是周宁县博物馆留存的永泰县一位名为李春抄写的"光绪二十四年凭媒喜约"，对这种情况作了记载，喜约上写道："聘金并盘担及诸凡等项俱在内，共银七十五两正……戊戌本年吉日，文定答帖银六元。本冬又送银五十两正，庚子年聘银合清连送礼物，随即择吉过门。"其中"文定答帖"应是女方坤书，写立坤书的价钱由男方承担，并算在总聘金之内。坤书写就的同一年冬天，男方未能凑够聘礼七十五两，只送银五十两至女方家，剩下的二十两约定四年后再清，所以双方在聘书空白处再签订议单，再约定剩余的礼金与礼物"合清"交完后才能"择吉过门"。

由于聘礼繁重，男方无力一次性付清，采用分期付款的方式，多次完成。所以聘礼单一般由女方开具，一式两份，中缝写有"合同为照""合同大吉"等字样，表明这是双方同意签署的合约凭证，一旦订立，不可反悔，实质上是双方签订的合同，起到规定双方权利与义务的作用。例如，寿宁县"光绪八年（1882年）八月张氏家族聘礼单"中，男方的义务是提供"足重庄番一百四十四元"的礼金，以及禽类、猪肉等聘礼，女方的义务是保证"女十六岁"时嫁与男方，负责置办"男女衣冠"。

需要说明的是"纳征"上的礼金是下聘礼要求付清的礼金，但在民间，由于聘金的繁重，很少有人能一次性付清。所以人们在下聘礼时，根据聘礼单的总数分一次或二次、三次，甚至多次付清。民国年间政和县范乃锐在一份诉讼文书中提到"约定大洋一百二十元，聘时曾付大洋二十四元"，这次所谓的下聘，仅仅支付了总聘金的百分之二十。光绪八年八月寿宁县七都镇张氏家族有一张聘礼单，礼金是庄番一百四十四元，聘礼单规定"女十六岁送大聘正"就可以迎娶女儿成婚。这里的"大聘"与小聘相对，是最后的聘金。至于聘礼数额也并非一次性确定，男女双方反复商量，讨价还价，最终数额体现于聘礼单上。因此，大部分情况下，两家订婚互换定帖时，一部分聘礼随之送到，后续两家议定聘礼总额、书写礼单时一并将订婚时男方的付出写入单内。也有少数男女订婚时年龄较大，订婚与完婚之间时间相隔较短，因此在订婚时两家已经议定好聘礼总额，将礼单写入定帖。"咸丰三年郑锡辉立坤书"将聘礼单签订于乾坤书龙凤帖之上，双方拟定的聘礼是：

一议：礼金，银八十四两正（内回复二两）

内大锭一对，的钱一十六千正

一议：插定盘一担，又菜筐一双

一议：礼镯一副，的番三员正

一议：礼盘一担，饼、鸡、米、书盒、荤筐

六项估价九千文

一议：菜筐一双

一议：礼烛一付，小烛一觔

一议：定日米一石二斗正

一议：定日鸡二唱

一议：箬肉五十觔正

一议：箬鸡二唱

一议：荤筐一双

一议：菜筐二筐

一议：大烛二合，又南烛三觔正

一议：大小路俱免，永为好者

（落款、单尾略）

不难看出，"六项估价九千文"以前的礼金属于"纳征"过小礼阶段的礼金；之后的礼金中有"定日米""箬肉""大小路俱免"等。从礼金名目中我们知道，聘礼包括过大礼纳征阶段的礼金，迎亲阶段的迎娶吉金等。可见，这张名为乾坤书的婚书，实际上是男女双方一次性议定的婚礼礼金数量，是双方签署的婚姻合同。所以落款以合同为照签署，一式两份。

从目前留存的闽东文书看，聘礼的下定方式，类似于现在交易中的分期付款，订婚时交付的仅是定金，最终的金额则由双方商定，写入礼单，以合同形式签署，至婚期临近才最终付清。其原因，一方面是男方出于保险起见，怕女方毁约造成损失。另一方面，数额巨大的聘礼，对一般家庭而言，难以一次性凑齐，如上述"林名元聘礼合约书"中就提到"言约递年聘金番银喜支五元正"，聘礼按年支取，剩下的迎娶时再结清。

（三）"吉课书"与洞房花烛时。吉课书的概念很广，国人好巫，万事皆可占卜问卦，以求得各路神仙的保佑，笔者收录到的吉课书就有"移居就灶吉课""殓葬吉课""架造吉课"等名目，生、老、病、死，行船走马都可吉课，在闽东，民间称吉课书为"命簿"。

"六礼"最后的二礼为请期与亲迎，福建地区的吉课书有"大婚""完亲""迎亲""完娶"四种形式，见表5-2。

表5-2　清末民初闽东民间吉课书

序号	婚书名称	婚书类别	发现地	资料来源
1	光绪十六年正月叶顺德大婚吉课	大婚吉课	寿宁县芹洋村	第二辑《寿宁卷》"寿宁县芹洋乡芹洋村黄氏家族"文书，第454页。
2	光绪年间叶鸿然完亲吉课	完亲吉课	周宁县泗桥乡	未出版

序号	婚书名称	婚书类别	发现地	资料来源
3	清末民初黄成海迎亲吉课	迎亲吉课	永泰县	未出版
4	民国初年完娶吉课	完娶吉课	古田县葛藤湾村	未出版

"请期"是男女双方及其家庭确定婚期的约定，由"夫家必先卜之，得吉"乃定[1]，但是据留存下来的清末民初吉课书显示，吉课书所定下的并不仅指迎娶的日子，还包括安床造灶、裁衣建柜、洞房合卺、拜谒姑舅等一系列活动的时间。试以光绪年间周宁县泗桥乡叶鸿然的请期吉课书为例进行分析[2]。

叶鸿然的请期吉课书长约20厘米，宽30厘米，红纸书写，如图5-4所示。为木制雕刻印制版的活套书。开头题名处，印刻有暗字"吉课"，卜卦位置刻有暗字"格课"字样，这件"完亲"吉课书基本能代表闽东地区吉课书的版式，吉课书由凶吉、卜卦内容、落款三部分构成。

第一部分，凶吉。吉课书上列乾与坤的生辰、星座，

---

1 崔高维校点：《仪礼》卷2《士昏礼》，辽宁教育出版社2000年版，第10页。
2 未刊文献：光绪年间周宁泗桥叶鸿然请期吉课书。

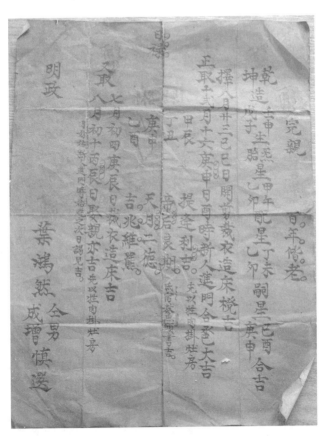

图5-4 光绪年间泗桥乡叶鸿然请期吉课书

卜合八字结果为"吉",表示婚姻大吉。

第二部分,卜卦内容。叶氏吉课书有"择八月二十三日己巳日开剪裁衣,造床凳,吉""正取十二月十六庚申日酉时,新人进门合卺大吉"等言,包括新人进门、叠床裁衣等日子的卜定。

吉课书不仅卜吉,还教导避凶,比如新人进门时,叶氏吉课书教导人们"先以牲肉挂灶房",在写到娶亲日子时,虽然"八月初十丙辰日娶亲亦吉",但"妨姑",对婆婆不利,必须在"新人进门时,姑避之,次日谒见",并且还要"先以牲肉挂灶房"。

第三部分,落款。落款署名为"叶鸿然仝男成增",说明主持吉课的行为是家长,而非结婚当事人叶成增的自主行为。表达了婚姻遵循"父母之命",合"礼"之意。

吉课书看似是与神的约定,实质上是人间的协议,充满着婚姻双方对于婚礼环节的预期。

二、民间婚书的契约化

明代中期以来,受商品经济发展的影响,民间婚姻行为出现越来越强的财富崇尚,婚礼也变成了以聘礼单为中心进行的各种商讨与合同,聘礼书变成了一种关于财富约定的契约。在婚姻过程中,富裕阶层通过"婚姻夸耀"社会地位，民间则依据"聘财之厚薄""妆奁之丰俭"来"考虑缔婚之基础"[1]"聘礼和嫁妆多寡成为婚姻是否成功的关键"[2]。乾隆年间，全国"婚嫁论财愈来愈成为时尚"[3]，聘礼价格十分高昂，成为人们沉重的负担。在闽东，大量契约反映了清末民初贫困之家为了娶妻，或是借贷高利，或是把自己的生产资料如土地、耕牛进行抵押或变卖的财婚情形[4]。在闽东文书中我们经常可以看到，因"凑礼娶妻"而出卖房屋田产的例子，比如，道光二十五年（1854年）十月霞浦县吴茂琛"因完娶聘礼无从"，被迫出典房屋[5]；寿宁县叶应立因为"娶妻缺需"，于同治二年十二月被迫送卖自己经营的山场[6]；光绪三十年八月，冯世明、冯世新因"娶

1　陈鹏：《中国婚姻史稿》卷3《婚姻之形态下》，中华书局1990年版，第129页。

2　常建华：《婚姻内外的古代女性》，中华书局2006年版，第33页。

3　郭松义、定宜庄：《清代民间婚书研究》，人民出版社2005年版，第83页。

4　北斗村许氏家族文书中的"光绪三十四年十二月陈奶灯立批谷契"。还有未出版的收藏于周宁县博物馆中的清代光绪年间寿宁县礼门乡贡村的"陈允然、晋德立卖田契"；民国八年四月宁德县李墩镇黄埔村"叶承云立当黄牛批契"等契约文书，对上述情形有所反映。

5　周正庆、郑勇主编：《闽东家族文书》第二辑《霞浦卷》，广西师范大学出版社2021年版，第72页。

6　周正庆、郑勇主编：《闽东家族文书》第二辑《寿宁卷》，"寿宁县芹洋乡甲延岔村冯氏家族"文书，广西师范大学出版社2021年版，第248页。

媳无钱凑用",立契尽断屋基[1]。学者普遍地将明代中期以来的民间婚姻称为财婚,婚姻双方行为围绕"利"展开[2],人们逐利而婚,在婚姻中进行夸耀性显示,由此,又抬高了聘礼的数额,致使出现"婚溺于财"的现象,不仅使平民之家难以承担,也引致中产之家走向贫困。清属寿宁县纯池村徐宜润用浓墨正楷书写于绢布上的遗嘱如图5-5所示,反映了即使是富裕之家也不得不动用族产作为娶妻资本的事实:

> 尔为长孙,余有众产可为娶室之本,以延血食。
> 如有执拗不肯者,即此鸣官。
>
> 　　　　　　　　　　迈祖:宜润嘱

徐宜润,"生乾隆丁未年"[3]。道光四年（1824年）十月初八,由福建承宣布政使司签发的"缴部存查"凭证,作了这样的记载:"徐宜润系福宁府寿宁县人,年三十八岁,身中面白无须,民籍。由俊秀遵例投捐封贮银一百两,于道光四年十月初七日缴收藩库,准作监生,合给印

1　周正庆、郑勇主编:《闽东家族文书》第二辑《寿宁卷》,"寿宁县芹洋乡甲延岔村冯氏家族"文书,广西师范大学出版社2021年版,第278页。
2　郭松义、定宜庄:《清代民间婚书研究》,人民出版社2005年版,第80页。
3　希曾公派《徐氏家谱》,1994年编。周宁县纯池乡纯池村徐氏宗亲会提供,周正庆影印。

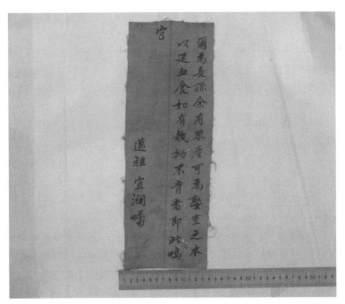

图 5-5　纯池村徐宜润遗嘱

信。"[1] 可见，富如徐宜润之乡绅，仍需变卖族产为孙娶媳，更别说广大贫苦之民。

有清一代"婚溺于财"贯穿始终，自清中期日渐加重，成为影响民间社会的一大"陋习"。我们梳理了乾隆至民国初年留存于闽东的婚书，聘金数量如表5-3所示：

表5-3　乾隆至民国初年闽东文书中聘金数量概略

序号	时间/题名	有关聘金数量的描述	地区	资料来源
1	乾隆二十七年九月吉日徐允睿立卖田契	"将养老之银十五六两骗去定媳过门"	周宁县纯池乡纯池村	第二辑《周宁卷》"周宁县纯池乡纯池村徐氏家族"文书，第18页
2	道光十五年十一月王国煜立典菜园房屋契	"钱二十千文准为礼金"	寿宁县芹洋乡张坑村	第一辑《寿宁卷》（上）"寿宁县芹洋乡张坑村王氏家族"文书，第68页
3	咸丰三年郑锡辉立坤书	"银八十四两"	屏南县	未出版

1　见徐氏家族文书，"缴部存查"凭证一式两份，分左、右二联。左联由福建承宣布政使司收存，右联由徐宜润收存。

序号	时间／题名	有关聘金数量的描述	地区	资料来源
4	光绪八年八月张氏家族聘礼单	"庄番一百四十四元"	寿宁县七都镇	未出版
5	光绪九年十二月许氏家族礼单	"银六元"	政和县澄源乡	未出版
6	光绪十六年林名元聘礼合约书	"番银三十三元"	永泰县	未出版
7	光绪二十四年凭媒喜约[1]	"银七十两"	永泰县	未出版
8	光绪三十一年凭媒议约	"聘金六十五两"	永泰县	未出版
9	清末张大铨立礼单	"聘金二十六两"	屏南县甘棠乡	未出版
10	清末聘礼单	"聘金银一百二十七元"	屏南县	未出版
11	民国三年仲秋郑步齐立六礼单	"龙番九十六元"	周宁县泗桥乡硋窑村	第二辑《周宁卷》"周宁县泗桥乡硋窑村连步兴家族"文书，第461页

1　拍摄时误将"光绪二十四年凭媒喜约"与下述"光绪三十一年凭媒议约"
　　合为一份拍摄，实际上两份礼单的时间、纸质、笔迹均不相同，应是两份
　　完全不同的礼单。

上表显示，聘金的数目从六元到上百番银不等，金额差别很大。我们可以将此表聘礼的礼金数量与同时期的地价相比，见表5-4：

表5-4　闽东聘金与地价比较表 [1]

年间	聘礼金	每亩地价
乾隆	15 或 16 两	4.33
道光	20 千文（25 两）	5.32
咸丰	84 两	16.53
光绪	最高 127 两	8.69

按学者的统计，雍正朝福建人均耕地面积为 2.3 亩 [2]。尽管清中后期随着经济的发展，土地的开垦，人均耕地面积有所扩大，但也不可能在此基础上有大幅度的增长，因不是本文讨论的内容，本文不就人均耕地面积展开讨论，只是想作一个大概的对比，说明清代中期后闽东民间婚姻聘礼数，大概可以买同时期 4 亩以上的土地，也就是说，如果把自己的人均耕地面积都卖光，仍然存在着娶不到媳妇的可能性。聘礼远远不止聘金，男方还要置办"德禽"、

1　参见笔者 2017 年国家社科基金结项书稿：《闽东文书与清代乡村社会研究》（未出版）第四章"清代闽东地区与徽州歙县西乡地价对比表"。
2　王志明：《雍正朝粮食安全政策与措施探析》，《社会科学》2017 年第 8 期。

猪肉、腊肉、果品、饼、面、线、烛台、布匹等物礼送给女方，实际上还要花费一笔价值不菲的钱置办物礼。

上面所列，显示出男方需要承担的聘礼很重，那么，我们是否可以理解，嫁女就很轻松，甚至可以盈利？回答是否定的。我们仍以闽东的婚书与婚俗为例进行分析。

闽东的婚礼对于女方的妆奁没有明确的要求，即使提到也只是置办一些衣物，与男方差异很大，比如，表5-3序10，屏南"清末聘礼单"中就写明女方"赔随被帐灯彩""妆奁什物随意"。从聘礼单中显示，女方收到礼金后，往往返还小部分给男方作为"回聘"，仍如表5-3中的序10，屏南县晚清礼单上就提到"一领聘金银一百二十七元足重，内抽二元回复"，表5-3序11民国三年仲秋，郑步齐所立的聘礼单中也写道"内回子孙龙番二员，六合足重番一员"，看似女方的付出要比男方少得多，但事实并非如此。在福建地区，聘礼没有一定的标准，"馈礼多寡，视其家厚薄具婚书礼帖"，大概以称家为标准，所谓"称家"即是婚礼与家庭状况相称。对女方而言，在闽东、闽北地区通过"看箱"习俗，来评判女方的财力，这就出现女方倒逼男方重礼聘娶，女方为嫁妆而倾尽所有，聘礼超出称家的能力逐渐走高的现象，《政和县志》对此作了描述："聘礼旧以十六两作为两锭，用红线系焉。今加数倍，大约以百圆为率。"[1]

所谓"看箱"是福建东部、东北部地区特有的风俗。男方将新郎亲自迎于女家的"亲迎"礼，改为"迎亲"礼[2]。男方家"只于迎娶日选与婿年齿相若者七人，肃衣冠迎新妇于中途"[3]，或"婿不亲迎，择宾三四人赴女家，曰长接"[4]。"看箱"的做法是，男方在长接前三天搭好看箱的婚棚，女方在"嫁前三日，邀亲属家眷入住"，然后"将嫁妆在亲戚中展示""然后在长接日送与男方作为嫁妆"[5]。也有在婚宴的宴席散后，"进新房看妆奁次"[6]，普通人购置的嫁妆有"六箱、四箱、两箱""城乡同之，要皆各备盛筵款待

1 （民国）钱鸿文修；李熙纂：民国八年铅印本《政和县志》卷21《风俗》，上海书店出版社，第614页。

2 道光《政和县志》卷1《地理志·风俗》、光绪《福安县志》卷15《风俗》、嘉庆《福鼎县志》卷2《风俗》、民国《霞浦县志》卷22《礼俗》、民国《古田县志》卷21《礼俗志》、民国《屏南县志》卷19《礼俗志》、民国《永泰县志》卷7《礼俗志》等清代、民国年间方志记载了这些地区没有"亲迎"习俗。

3 （民国）罗汝泽修；徐友梧纂：民国《霞浦县志》卷22《礼俗》，《中国地方志集成·福建府县志辑 第13册》，上海书店出版社2000年版，第182页。

4 （清）谭抡修；王锡龄、高昊纂：嘉庆《福鼎县志》卷2《风俗》，《中国地方志集成·福建府县志辑 第14册》，第221页。

5 （清）卢建其修；张君宾纂；福建省地方志编纂委员会整理：《宁德县志》卷1《舆地志·风俗》，厦门大学出版社2012年版，第119页。

6 （民国）何树德修；黄恩波纂：民国《屏南县志》卷19《礼俗志》，《中国地方志集成·福建府县志辑 第14册》，第811页。

族戚"，这个过程"俗称看搬嫁妆"[1]。除了嫁妆之外，也有以土地进行陪嫁，道光七年张秉济立付妆奁契书，将自己三块田送与童养媳，"作为妆奁油蜡之需"[2]。道光十九年（1839年）十月周宁县萌源村郑帝模立陪妆契，将自己一种五合正洋田，"付与三女从香，准为油蜡之资"[3]"看箱"是女方在男方迎娶时，所进行的一次家族财富展示的过程。

"看箱"在闽东文献中始见于明万历年间，"论婚以财，责备筐筐，鬻产妆奁，以致中人之家不敢举女"[4]。乾隆年间，闽东人视养女为畏途，福清县书院掌教郑光策曾说，"凡大户均以养女为惮，下户则又苦无以为养""因生女多难于养育，遂致之死"[5]。至咸、同时期，"看箱"已经成为闽东有女之家难以挥去的经济梦魇。在福建东部的霞浦县，"咸同以前有办全堂嫁妆费至数千金，间或因此破产者"。至清末民初，"看箱"成为闽东民间婚礼之迎亲礼中一个重要的环节，"看箱"所展示的妆奁财富，"妆奁或多于聘金

1　（清）刘以臧修；徐友梧等纂：民国十八年铅印本《霞浦县志》卷22《礼俗》，第182页。

2　未刊文献：《001道光七年张秉济立付妆奁书》。

3　未刊文献：《002道光十九年十月周宁县萌源村郑帝模立陪妆契》。

4　（明）陆以载纂：明万历二十五年刻本《福安县志》卷1《舆地志·风俗》，书目文献出版社1991年版，第125页。

5　（清）饶安鼎修；林昂纂：清光绪二十四年刻本《福清县志》卷5《学校志·婚礼》，上海书店出版社2000年版，第141页。

三四倍不等"[1]，成为女方沉重的经济负担。在一般情形下，民间弃婴常发生在荒年，首当其冲者为溺女婴，尤以女子较多的家庭为甚。清中后期，由于"看箱"等夸耀性的财富展示行为愈演愈烈，即使是富裕之家，由于陪嫁费用的高昂，也陷入生活的困境。即使是平常之年，也存在着溺女婴的情况，"看箱"演变成为福建地区溺女婴的一个重要原因[2]。

上述所说清中后期的"看箱"习俗，实质是通过财物展示，判定女方家族社会地位，以此界定婚后女子家庭地位的过程。如果妆奁稀少，不仅"为乡党讪笑""且姑姊妹女子勃溪之声，亦可畏也"[3]。由于财物在婚姻中的重要性，人们对聘礼斤斤计较，婚礼过程中讨论的重点是聘礼，而非务虚的繁文缛节，婚书书写的重点也从尚"礼"务虚的繁杂，转向重点放在具有实利的聘礼书上，我们所见闽东

1 （民国）何树德修；黄恩波纂；福建省文史研究馆编：民国《屏南县志》卷 19《礼俗志》，第 653 页。

2 参见汪毅夫：《性别压迫："典卖其妻"、"买女赘婿"和"命长媳转偶"——闽、台两地的部分证言、证物和案例》，《福建论坛（人文社会科学版）》2007 年第 6 期；薛菁、郭翠梅：《明清福州地区婚姻论财风尚之成因探析》，《闽江学院学报》2012 年第 1 期；徐晓望：《从溺婴习俗看福建历史上的人口自然构成问题》，《福建论坛（经济社会版）》2003 年第 3 期。

3 （清）陈盛诏：《问俗录》，刘卓英标点，书目文献出版社 1983 年版，第 69 页。

的"凭媒喜约""聘礼合约"等聘礼单大多以合同、契约的形式签署。在聘礼单中我们处处可见的条款，前面均加上"一议""言约"等字样，表明是经过双方商讨而确定的条款，是具有合同效应的婚书，成为确定婚姻、处理聘礼纠纷的依据。

聘礼单一旦签署，便具有契约效应，必须遵守。如果要修改，必须再经双方商议，重新签订合约，这些规矩的执行，延续到当代。留存于20世纪70年代屏南县甘棠乡卜登山村黄去就家族文书中的两张聘礼单就反映了这种情况。

第一张签订的是聘礼合同，落款处有"订立合约"字样，中缝裁开。第二张签订的是聘礼修正单，开篇就说"议将礼单修改如下"。对照两张礼单发现，聘礼单中的第一议财礼为940元。经过双方协议，第二议财礼降至900元。物礼也由折合人民币560元降至450元，并清楚列出其中变化的具体物礼数量，见图5-6。

上述可见，古代民间礼婚的婚书实际上具有"礼"表"利"里的功能，所谓的"利"，即是功利，包括两个方面，一是"功"，即婚书的协议与约定功能，二是"利"，即婚姻的财利功能，婚姻双方据利展开商讨，以聘礼单形式反映婚姻以契约、合同为核心的功能。

图 5-6　屏南县甘棠乡卜登山村黄去就聘礼单

三、悔婚解约与聘礼追索

既然婚书是确定婚姻关系的凭证，是处理婚姻纠纷的"私法"，那么婚书便具有了契约的功能。在一方毁婚的情况下，人们依据婚书进行索赔就顺理成章了。但是有一个问题必须梳理清楚，不管是婚姻中的"六礼"，还是简化后的"三礼"，每一个环节，婚书中的乾坤书、聘礼书与吉课书都存在着婚姻被认可的可能，如果在悔婚与退婚的情形下，哪个环节是婚姻完结的标志？

在学术界，"三礼"中的各个环节都有学者认为可以作为婚姻完结的取证，学者根据各地认可婚姻完成的习俗进行判断。有学者认为，在东北地区民间男女双方签约聘书，女方收下聘礼，婚姻就算成立，得到官府的保护和民间的认可，东北人把"以凭媒妁、交割财礼为主要内容的订婚婚书"，看作"民间百姓眼中被视为婚姻成立的必要条件"[1]。在江苏，丹徒县县令王芝兰在判决"一女三聘"案时，因为女方收取了三家男方的聘礼，所以地方官并没有判定受聘女方婚书的非法性，而是以"阿芙蓉膏"计，诈称女方死亡，诱使二方男家索回聘礼，最后将女方判归未

1　祖伟、高丙雪：《清末民初民间订婚婚书习惯研究——基于东北地区与直隶省的比较》，《天津法学》2014 年第 4 期，第 104–109 页。

索回聘礼男家，从而使案件得到解决[1]。从丹徒县县令判案中我们可以知道，聘礼可以成为地方官判断婚姻合法性的证据之一。然而，并不是全国都一样，各地也有各自的认知标准，相对而言，清代的闽东，民间对于婚姻的认定比较模糊，尽管闽东方志中都有关于婚俗记载，但并没有说哪一个环节可以作为判断婚姻完结的依据，以《霞浦县志》卷七《礼俗》中关于婚礼的叙说为例：

> 婚姻，须媒氏撮合。霞俗，男方遣媒，征女家同意，此古媒氏词下达于女氏也。问毕，将庚帖交换，决于星命家，占日吉而婚始定。择日率礼饼、饴糖于女宅，俗称"压定"，是纳吉礼也。纳征之礼俗，称下定，系预约大小礼饼若干百，以豚一羊二鸡鹅鸭各二，暨金银、花钏、绸缎、衣裙、聘金……是日陈列于祖先前。[2]

方志的记载显示，清末民初，"三礼"全过程都被认定与婚姻有关，很难确定从什么时候婚姻才被承认。既然未能确定婚姻事实的界限，在未完成洞房之前都存在着悔婚

---

1 李伯元：《南亭日记》卷7《王芝兰机警善断》，山西古籍出版社1999年版，第154页。

2 （清）刘以臧修；徐友梧等纂：民国十八年铅印本《霞浦县志》卷22《礼俗》，第182页。

的可能性，如果存在毁约，一方退出婚礼筹办程序，民间将如何应对？

在民间，古人婚礼的筹办过程，表达三个层面的意思。第一个层面，纳采、问名阶段为婚姻的初步认可时期。在这个阶段，是男女双方家庭对于婚事进行口头约定，婚姻得以继续，产生的乾坤书是口头承诺的见证。在这个阶段，男方交纳的聘金是象征性的，犹如购买货物中交付的定金，其主要目的是广泛告知社会，男女双方家庭已经订婚，筹备婚礼，婚姻缔结并未完成，如果悔约，只是负有道义上的责任，没有对违约方进行追责的权利，因为聘金不多，民间很少在这个阶段因为聘金而产生纠纷，聘金大多不返。我们从方志中记载烈女事迹可以看出，洞房之前，民间并不认同夫妻关系。《宁德县志》记载有清代烈女自缢二则：

> 例一：林氏聚姑，陈芳名未婚妻，年十九。芳名死，聚姑闻讣，欲往婿家，父母不可，日夜悲号。后有议婚者，遂自缢。
>
> 例二：阮清姑，陈三远聘妻。三远年二十未婚而卒，清姑闻讣，沐浴更衣，登楼自缢而死。[1]

---

1 （清）卢建其修；（清）张君宾纂；福建省地方志编纂委员会整理：《宁德县志》卷8《人物志·烈女》，厦门大学出版社2012年版，第525页。

上述方志中的二则关于未过门烈女殉情的记载大致相同，类似的情节是在"六礼"未完成之前，因为丈夫身亡，已聘妇女要求上门为男方守节，受到父母阻止而以身殉情。虽然自缢的妇女被政府列入烈女节妇，"表其门曰从容就义"，得以归榇夫家而与未婚夫合葬。但这是政府的表旌行为，作为妇女的父母不认同女儿已经出嫁，所以不同意女儿上门为亡夫守节。士大夫在撰写方志时对已聘未过门的烈女用词也是"未婚"与"未婚妻"，说明在洞房之前，夫妻关系并不被民间认可。

　　第二个层面的意思是纳征，婚姻的社会性认可阶段。纳征即过大礼，聘礼最多，是筹办婚礼过程中人们最看重的阶段。假如经过纳征阶段，在男方已经送出聘礼，但又悔婚的情况下，女方是否应该退还给男方聘礼金？我们看到婚书给出的答案是可以退还聘礼金，也可以不退，没有统一规定，大抵依男女双方势力而定，官府一般作委蛇处理。比如，民国初年福建政和县澄源乡周承福（周天鹏曾孙），因聘金问题而悔婚，用武力逼迫范乃瑞退婚，引发范乃瑞至县衙上诉的案件就是如此的例子，状子中诉说：

　　　范乃瑞诉周承福状。为斯贫迫退，甚肆（至）改嫁，吁（呼）恳务拘究讯，以儆不法事。切民素在农时工作，兼之贩挑鱼货为涯。缘于民国十六年十一月十七日，凭媒陈文林、叶世恩聘得赛礼（里）村周承福之女为妻。约定聘金大洋一百二十四元，聘时曾付大洋二十四元的。过数年□□，行择吉完娶无异。孰料陈（周）承福存心叵测，竟斯欺民家贫，胆于去年十一月间，以民往宁，原铜山地方贩挑鲯货，路经寿宁漈下村，福则纠伙早候该外，将民护至前溪村，百般威吓，迫即立写退婚（书）于泽旁，劝民多出礼金数十元，仍将伊女嫁民，但民家虽贫，当以数十元为小元红礼。

从状子诉说情况我们知道，这是一桩聘礼多次完成的婚姻。民国十六年（1927年）十一月十七日范氏通过叶世恩下聘礼给周承福，双方约定礼金大洋一百二十四元，范氏交付了订金二十四元，婚礼进行到了纳征的阶段。周承福嫌礼金少，要求增加数十元聘金，范氏不同意，周氏使用武力逼迫范氏就范，范氏上诉至县衙，要求维持原来的婚姻协议，县衙最后没有进行判决。我们从周氏留存的范氏诉状子的外包纸上看到"□年三月初五日，借来大洋150元正"字样，由此推测，范氏在原来聘礼124元大洋基础上，再借50元交给周承福，婚姻礼成，总共花费了

174 元，比原定聘金多出 54 元，婚姻最后缔结完成，范氏不再上告。从这一案例我们可以看出，如果范氏不就范，纳吉阶段给予的 24 元定金就不予退还，清末民初的悔婚案，官府一般不作判决，由民间自行解决。

如果我们将婚姻看作家庭双方的经济投入，婚姻具有"利"的性质，从经济上看纳征就是完成了经济利益上的交易，双方签署的聘礼单即是婚姻在经济交易上完成的见证。所以民间常常以合同的形式签署，一式两份，中缝裁开，如果要修改，必须双方再商量，如果在这个阶段中违约悔婚，违约方必须给予经济赔偿，具有法律效应。在闽东，由于聘礼的交付存在分期付款的性质，所以在洞房之前的悔婚赔付的金额，由双方根据礼金多少进行商谈。

第三层意思，亲迎与洞房，是婚姻的完成阶段。在这个阶段，婚姻双方举行迎亲礼，告知双方亲友家庭结成姻亲。男女双方在亲友的见证下，进入洞房，男方付完前阶段未清的聘礼，女方则完成贞节的交付，婚姻的社会性与道德性得到完成。这个阶段留下的婚姻见证是吉课书与亲友、社会的共同见证，男女双方拥有法律赋予的权利，承担相关的义务。

无论哪个层面的意思，民间对于各个层面产生的婚书都十分看重，因为婚书是婚姻的证据，里面包含着在婚姻缔结过程中男女两家的道德许诺与经济往来诸多信息。如果婚书丢失，民间通常召集亲友，立字加以说明，纯池乡徐氏家族保留的"宣统二年（1910年）八月李烈篆立冲字"，显然是李烈篆因为存放在外婆家的婚书（很可能是聘礼单）丢失，特意"立冲字"声明作废：

> 立冲字李烈篆。（本）溪口则太公光绪四年有票一纸代（袋），本经旧（舅）投毕姻一事。在外婆叶氏舒容家，至今寻讨并无其票。此票不过一时成美好意。日后烈篆边若有此票，再向则太公取讨，冲为故纸无用。恐口难凭，立冲字为照。
>
> 宣统二年八月 吉日
>
> 立冲字：李烈篆己笔（押）[1]

民间婚书虽然具有协议与民间合意的性质，但并不是严格意义上的契约，我们见到的清代至民国的婚书中，无论是乾坤书、聘礼单还是吉课书，都没有明确的义务与违约惩戒条款，婚书只是契约精神的体现而已，不能等同于契约。但如果婚姻违约，男女双方还是能依据婚书内容，在道德上谴责失德方，并在经济上进行惩罚，所以婚书具

---

1 周正庆、郑勇主编：《闽东家族文书》第二辑《周宁卷》，"周宁县纯池乡纯池村徐氏家族"文书，广西师范大学出版社2021年版，第336页。

有作为追讨财物证据的功能。在未完婚时，出现意外，比如一方夭折，或意外死亡，"较通行的习惯是男死，女家退还一半财礼，女死财礼概不退还"[1]，福建的习俗与梁治平记载的全国其他地方相仿，惠安县"订婚后女未嫁而殁，男家不得索回原聘，男未娶而故，女家如将该女另许他人，应就收过聘金先将原数归还，不准男家意外多索，以循公道"[2]。在闽东，如果女方意外死亡，普遍的做法是给予女方家庭的聘金不退或少退。如上述作为女方的周承福嫌男方聘礼少而退婚，男方所交的聘礼女方不退，官府也不进行追究，由民间自理。如果男方违约，女方要不要退回聘礼呢？民国初年硋窑村连氏家族保留的"郑氏维銮、陈道有立领契据字"为我们提供了一个案例：

> 立领契据字人郑维銮仝子陈道有。銮原配连家，生有一男连步全，取媳郑莲弟之女，现未过门。全往建山地界三五载，现未回梓，不知子身在未否。莲弟女出嫁，经报公人向前了理，得到礼金四十二元。将银銮、树嫂叔二人亲向连门张开，连取赎黄土弄田五

1　梁治平：《清代习惯法：社会与国家》，中国政法大学出版社1996年版，第73页。

2　转引自卢增荣：《清代福建契约文书中的女性交易》，《东南学术》2000年第3期，第105–109页。

斗，计去价银六十六元，内少二十四元。将田出课三年，银凑成赎回正契、贴契，并原主正、根契共四纸。树收到，将契亲付郑氏嫂领去陈家。三年以外，诸亲全房众向前嗣，支立走。郑氏将契仍交嗣子收执为凭，永远管业，子孙长发其祥。两家全公先言议定，立领字付与树为据者。

又领断字园坂契、补根备断字共四纸，

两共八纸书。

民国十七年十月吉日立领字人：郑氏维銮（押）、

陈道有（押）

经公人：潘国芳（押）

代笔人：连佛室（押）[1]

"民国三十五年（1946年）十一月郑上传立根田批合约"中又提到：

立根田批合约字人连宅母舅郑上传全经公谢庆生。情因以上年连起堂娶妻郑氏，土名坐落王土洞，田五斗正。前年出卖连步完边，至民十七年，堂之子不幸

1　周正庆、郑勇主编：《闽东家族文书》第一辑《周宁卷》（上），"周宁县泗桥乡磜窑村连洪法家族"文书，广西师范大学出版社2018年版，第213页。

弃世，将媳出运，孰将礼银郑维銮、连起树叔嫂二人亲向步完边（将）该田赎回，递冬之苗谷郑氏颂（送）到坂坑食用，至本年郑氏不幸弃世……[1]

查《硋窑连氏宗谱》，"领契据字"中所说"郑维銮"是连起堂之妻"郑微鸾"。"起堂，生同治己巳年（1869年）八月廿六日丑时。娶郑微鸾，生同治甲戌年（1874年）六月初六日，生子步钧"。"步钧"应是文中所说的"连步全"[2]，民国十七年（1928年）时已经26岁，契中所说的"叔"连起树，是连起堂的五弟[3]。第一份文书说连步全生死不明，女方在没有退婚也没有征得男方同意的情形下另嫁他人，即契约所说"出嫁隐报"。鉴于此，郑维銮与连起树叔嫂二人请"公人与前了理"，要求退回聘礼，经过双方磋商，追回了"礼金四十二元"。我们可以推测，黄土弄（王土洞）这块田应是连家为了凑足聘礼而出卖给了连步全，这块地的价值是六十六元，是否全部用于下聘我们不得而知。实际上，我们从《硋窑连氏宗谱》还知道，连步全没

<hr>

1 周正庆、郑勇主编：《闽东家族文书》第一辑《周宁卷》（上），"周宁县泗桥乡硋窑村连洪法家族"文书，广西师范大学出版社2018年版，第216页。

2 闽东地区人名书于族谱一般用本名，书于契约一般用行、号。

3 周正庆、郑勇主编：《闽东家族文书》第一辑《周宁卷》（上），"周宁县泗桥乡硋窑村连洪法家族"文书，广西师范大学出版社2018年版，第368–369页。

有死亡，而是往闽东伐木烧炭，并且娶妻生子，如果郑氏日后得知情况后，仍要追责，也是有可能的。但从整个过程来看，双方并未产生激烈纠纷，对这一结果还是相对满意的，聘礼即使没有全部追回，也应是追回了大部分。上述所见发生在闽东的案例说明，无论男女双方哪一方违约，违约方都要退回聘金，如果是意外死亡，女方不退聘金，男方则要部分退还，这已形成民间共同遵守的惯例，当然不排除如周承福般无赖式悔婚而不退聘金的现象，但这是少数，且会受到道德谴责。

综上所述，清末民初，民间婚书书写理念仍然是以传统时期的"礼教"思想为核心，围绕着礼、法、契三者进行书写与演变，婚礼的商议与索赔也以婚书为依据。

婚姻典卖与依契而婚

关于典妻，笔者脑海里第一时间就想起了一个成语，那就是"典妻鬻子"，一幅灾年饥荒图呈现在眼前。其实，我们在史籍里看到最早的典妻图景，正是出现在兵荒马乱的战国年代，韩非子在述及治家之法时，第一次将其所常见的民间典妻惨剧记诸文献，"天饥岁荒，嫁妻卖子者，必是家也"[1]。韩非子之后，在传统社会的凶歉之年，百姓典妻卖儿，是文学家笔下常见的现象，记载了百姓在生与死之间无奈的选择。

对于典妻，历代政府屡加禁止，甚至颁布法律明确规定，丈夫将妻妾卖与他人，"杖一百"，妻妾"杖八十"，被官府发现后，"女给亲，妻妾归宗，财礼入官"[2] "知而典娶者，各与同罪"[3]，虽然政府明令禁止典卖婚，但仍然屡禁不止。明末寿宁县县令冯梦龙在《寿宁待志》中对福建的典妻作了"大家非大故不出妻，小户稍不当意如弃敝屣，或有急需，典卖其妻，不以为讳。或赁与他人生子，岁仅一金，三周而满，满则迎归。典夫乞宽限，更券酬直如初。亦有久假不归，遂书卖券者。霜妇迫于贫，丧中即嫁"[4]的描述，可见，明末的乡村社会的典妻，已经到了人们"不以为讳"，公开谈论的地步了。

咸丰年间以后，民间婚书所见，典妻现象愈演愈烈，

1 （战国）韩非子撰；（清）吴鼒刻本：《韩非子》卷18《六反篇》，浙江大学出版社2018年版，第364页。

2 （清）沈之奇撰；李俊、怀效锋点校：《大清律辑注》卷6《户律·婚姻》"典雇妻女"条律后注，法律出版社2000年版，第256页。

3 （清）沈之奇撰；李俊、怀效锋点校：《大清律辑注》卷6《户律·婚姻》"典雇妻女"条律后注，法律出版社2000年版，第256页。

4 （明）冯梦龙，陈煜奎点校：《寿宁待志》卷上《风俗》，福建人民出版社1983年版，第52页。

由遮遮掩掩，变成堂而皇之，成为乡村社会司空见惯的社会现象。在悲惨与无奈的另一面，我们也看到了朱门达官，权贵富商，甚至刀笔小吏租妻纵乐的画像，《水浒传》中宋江典来的阎婆惜，"长得好模样，又会唱曲儿，省得诸般耍笑"[1]便是其中一例，宋江"典赡"阎婆惜之事，想必尽人皆知，不必多说。不管喜也好，悲也好，传统社会的典妻鬻子，契约必参乎其中，成为买卖双方的契据，充当维护双方权利的证词，这一做法举国如是。

一、典卖婚与婚契

婚姻买卖，历史悠久，战国文献，汉唐典籍中都有体现，但是堂而皇之地成为一种社会现象，笔者认为还是在清代中期以后，这一点我们从已经发现的民间婚书中得到求证。

据冯梦龙的记载，在闽东，明末就普遍存在典卖婚的情况，但奇怪的是，我们在巨量的闽东文书中，并没有发现咸丰年间以前的典卖婚婚书，笔者也十分留意公私博物馆、福建与闽东知名的民间收藏家所藏，均没有发现咸丰年间之前的典卖妻婚书，也许以后会有发现，但即使有所

1　（明）施耐庵撰：《水浒传》卷21，人民文学出版社2007年版，第254页。

发现，也是零星出现，不会似咸丰年间以后批量"发现"，全国的情形也与闽东基本类似。我们收集到最早的一张闽东典卖妻婚书是前文所述咸丰三年硋窑村连氏家族文书中的夏氏卖妻契。自咸丰三年以后，留存于闽东的典卖婚书日益增多，目前为止，我们收集到的包括民国时期在内的典卖婚书近百件，较有代表性的婚书，见表5-5。

历代王朝均视典卖婚为非法，但非常时期又无法禁止，汉代的文献就有"嫁妻卖子，法不能禁，义不能止"的记载[1]。由于典卖婚的不合法性，所以民间在签署典卖婚的婚书时，在婚书的形制上，力图将之合"礼"化，使典卖婚成为被民间接受的、具有道德依据的行为。与此同时，典卖婚又必须以"合法"的面目出现，才能避开国法的干预，不管如何包装，典卖婚的核心离不开婚姻的买卖，既然是买卖，婚书的签订就离不开契约，通过对表5-5典卖婚婚书的分析，我们可以总结出民间的典卖婚具有以下的特点。

（一）典卖婚在形式上"合法"。虽然《大清律例》"典雇妻女"条显示，典卖妻女违法，但同时又规定"必立契受财，典雇与人为妻妾者，方坐此律，今之贫民将妻女典

---

1 （东汉）班固：《汉书》卷64《贾捐之传》，中华书局1962年版，第2833页。

雇与人服役者甚多，不在此限"[1]。法律的模糊与可变通性，给了民间很大的改造空间，所以，民间将本来属于买卖婚姻的行为，改造成为在法律框架保护下的"合法"行为，在签署典卖婚婚书时，避开"婚契"一词，将之命名为"婚书"，其书写形式大致是"×××立婚书"或"×××立××婚书"，由如表5-5所示。表5-5可见，即使到了20世纪40年代，闽东地区的民间仍然回避"立契受财"嫌疑，序号17，福鼎市玉瑭村夏氏家族民国三十四年（1945年）二月所立之婚书，徐阿铨将其妻典与玉瑭村夏氏，起名为"立寄婚护养书"，避免了直接称婚契的不合法性。另外，民间在书写婚书时，为了区别于土地买卖的契约文书，除了咸丰年间有白纸书写的婚书，之后的婚书几乎都以红纸书写，民间对于婚书的形制进行了明显的、区别于契约的标识性处理，昭示典卖婚婚书，一如正式婚婚书是政府认可的"合两姓之好"的婚姻凭证。按清政府的规定，典卖妻女，虽然违法，但法律又同时规定，在妻"自愿""背夫逃亡""犯奸"，以及家"贫极"四种情形下，

1　（清）沈之奇撰，李俊、怀效锋点校：《大清律辑注》卷6《户律·婚姻》，法律出版社2000年版，第257页。

表 5—5　清末至 1949 年闽东民间典卖婚婚书[1]

序号	立婚书名	典卖妻原因	典卖妻价格与时限	被典卖妇女状况	资料来源
1	咸丰三年九月夏〇〇立婚书	家贫、衣食无靠、饥荒难度	以"礼金银"22 千文，"合配"与连廷绳为妻	缪氏，30 岁	第一辑《周宁卷》（上）"周宁县澍桥乡碳窑村连洪法家族"文书，第 86 页
2	光绪十年六月初八日吴德徐立佃妻书	子多、年份家清不顺、日食难度寒	以"礼金银"41 元"送佃"与黄高良为妻，期限 12 年	曾连菊，34 岁	第二辑《寿宁卷》"寿宁芹洋村黄氏家族"文书，第 448 页

1　本表所列婚书，除注明外，均为笔者从闽东地区收集，不一一列明出处。

序号	立婚书名	典卖妻原因	典卖妻价格与时限	被典卖妇女状况	资料来源
3	光绪十一年十一月二十二日蓝春旺立婚书[1]	弟死，三餐难度	夫病时将妻钟氏典与吴文才，夫死，招吴文才入赘，得"礼金钱"50千文。后立婚书，"礼金钱"30千文	兄卖弟媳，未书年龄	福建省少数民族古籍丛书编委会主编：《福建省古籍丛书·畲族卷·文书契约》（上），海风出版社2012年版，第102—103页。
4	光绪二十四年十二月钟成珠立卖书[2]	自身有带人疾，日食难度	钟成珠将妻卖配与吴秀财为妻，得"礼金"500文。此婚书虽然立为卖妻，但实际为卖妻，故设有赎期。铜钱11千500文	雷青兰，42岁	福建省少数民族古籍丛书编委会主编：《福建省古籍丛书·畲族卷·文书契约》（上），海风出版社2012年版，第104页

1 福建省少数民族古籍丛书编委会主编：《福建省少数民族古籍丛书·畲族卷·文书契约》（上），第102—103页。

2 福建省少数民族古籍丛书编委会主编：《福建省少数民族古籍丛书·畲族卷·文书契约》（上），第104页。书中辑录有误，留存于祈荣博物馆原件显示，钟成珠将妻卖配与吴秀财而非吴秀才。

序号	立婚书名	典卖妻原因	典卖妻价格与时限	被典卖妇女状况	资料来源
5	光绪二十五年二月杨郑全立主婚书	夫妻反目	将妻租与胡禄到为妻 20 年，"以为正室"。礼金，银番 50（元）	柳凤姐，17 岁	未出版
6	光绪三十二年腊月佘求春立典婚书	运途不利衣食难度	将妻典与"本都上徐州村黄梦梧为正室"，时限 16 年。聘金小洋 160 角正	陈氏，23 岁	第一辑《古田卷》（下）"古田县鹤塘镇南阳村彭、黄、雷氏家族"文书第 264 页
7	光绪三十三年十二月张开美立婚书[1]	（饥）荒年岁，难以度日，养不起妻	配与蓝团生为妻，得"礼金银小洋三百五十角正"，"及言约米递年永远应小洋五十角正"	周氏阿姐，29 岁	福建省少数民族古籍丛书编委会主编：《福建省少数民族古籍丛书·畲族卷·文书契约》（上），第 105 页

---

[1] 福建省少数民族古籍丛书编委会主编：《福建省少数民族古籍丛书·畲族卷·文书契约》（上），海风出版社 2012 年版，第 105 页。

序号	立婚书名	典卖妻原因	典卖妻价格与时限	被典卖妇女状况	资料来源
8	宣统三年八月郑木金立典婚书	家道清寒，难以抚养	聘金小洋220角正。典卖与时限16年	雷氏，26岁。	未出版
9	民国八年阮氏秀滋立婚书	先夫辞世，子幼家贫	夫死改醮，给夫弟"身价""礼金"小洋148元。言明"辞世之日""领回骸骨，葬归先夫同穴"	阮氏秀滋，38岁	第一辑《柘荣卷》（上）"柘荣县黄柏乡南山村游兴住家族"文书，第333页
10	民国九年十二月林阿剡立改嫁婚书	家道清寒，日食难度	身价银115元正	杨氏，17岁	未出版
11	民国十四年十二月陈门阿氏立主婚书	儿子辞世（婆媳）债户形门，日食难度	身价银小洋4000角正	儿媳林氏	未出版

序号	立婚书名	典卖妻原因	典卖妻价格与时限	被典卖妇女状况	资料来源
12	民国十六年十二月甘景成立典婚书	生有六子，凶年饥岁，衣食难度	典妻4年，礼金大洋120元	熊氏，36岁	第一辑《屏南县卷》（下）"屏南乡甘氏家族"村连书甘氏家族文书，第293页
13	民国十九年十二月刘建照立约小女字	将女儿许与连家做童养媳	许连家"面订一女养大，随后听凭连家匹配"	童女	第二辑《周宁卷》"周宁县泗桥乡磜窟村连步兴家族"文书，第481页
14	民国二十七年六月魏门吴氏鸾使立典婚书	丈夫弃世，幼子尚未长成，家业难以管理	吴氏鸾使立婚书将杨萨熊招赘，礼金80元正。声明，"吴氏百年，胄肉两姓兄弟公共若（拥）有"	魏门吴氏鸾，29岁	未出版

序号	立婚书名	典卖妻原因	典卖妻价格与时限	被典卖妇女状况	资料来源
15	民国二十九年七月袁门温氏立婚书	夫死子幼，年荒饥馑	袁门温氏将儿媳"嫁"与游奇新，礼金"法币六十二元正"	不详	第一辑《柘荣卷》（下）"柘荣县黄柏乡南山村游树荣家族"文书，第178页
16	民国三十三年二月十八日郑门林氏立典身婚书	夫死，典身招赘	典与寿宁县东坑坑叶大饱为房妻。礼金法币2280元正。时限16年	不详	第一辑《寿宁卷》（下）"寿宁县清源乡童洋村刘氏家族"文书，第193页
17	民国三十四年二月徐门阿佬立寄婚护养书	家贫如洗，抚食不敷，三餐难度	"养护三年"，"接属番薯米天平秤二百斤"	妻缪氏，41岁	第二辑《福鼎卷》"玉塘城堡夏氏家族"文书，第250页
18	民国三十六年一月九日吴氏松娇立再嫁婚书	夫妻"双方意见不合"。"母子三餐难以度日"	礼金"国币八万元"，交与"松娇亲收"	吴氏松娇，34岁	第一辑《寿宁卷》（上）"寿宁县犀溪镇西浦村缪氏家族"文书，第481页

序号	立婚书名	典卖妻原因	典卖妻价格与时限	被典卖妻妇女状况	资料来源
19	1949年11月熊惠友立主婚书	家道清寒，年迈，生活困难	干谷98市担。儿子随娘至19岁回归熊家。遗骸百年后熊叶两家公共	侄媳彭常月，28岁	未出版

典卖妻女行为得到认可 [1]。所以，表 5-5 中典卖妻婚书的书写，所罗列的原因正是"三餐难度""夫死子幼，年荒饥馑"等被政府认可的内容，我们从上表所列婚书看到，典卖妻子的理由除了序 5，"夫妻反目"妻子被丈夫典卖外，其他典卖妻子的理由是"家贫，衣食无靠，饥荒难度""自身有带久疾，日食难度""（饥）荒年岁，难以度日""夫死子幼，年荒饥馑"，哪一条不是家"贫极"，生活不下去，被迫典卖妻子的无奈之举！

（二）典卖婚行为合"礼"。清朝律例规定，主婚者依照"嫁娶皆由祖父母、父母主婚。祖父母、父母俱无者，从余亲主婚。其夫亡携女适人者，其女从母主婚" [2] 原则执行。民间典卖妻婚书的签署，一如不动产签约一样，婚书中列示"凭媒""冰人"，加以画押确认，族人以冰人、见证人、代笔人等身份共同参与，见证典卖妻的过程中，认可买妻银主"瓜瓞延绵，接续宗枝"的延嗣行为。婚书中的典卖价银大多以"聘金""礼金"之名由冰人代收，或直接由男家收取，形式上遮蔽了典卖妻女牟利的事实。所以，

1　［日］岸本美绪：《妻可卖否？明清时代的卖妻、典妻习俗》，陈秋坤、洪丽完主编：《契约文书与社会生活（1600-1900）》，"中研院"台史所筹备处 2001 年版，第 227 页。

2　张荣铮等点校：《大清律例》卷 10《户律·婚姻》，天津古籍出版社，第 218 页。

典卖婚的行为符合"凡娶判妻人子者皆书"之民间习俗，婚书的签订，遵循了"父母之命，媒妁之言"的儒教之言，形式上遵"礼"。

（三）典卖婚遵循"契约"书写规则和交易理念。清代中期以后，民间契约广泛应用于土地、房屋等不动产买卖，成为清代乡村社会经济秩序构建之习惯法已是不争的事实。在典卖婚行为中，民间借用土地买卖契约的方式签署婚书，确保双方的权、责、利。比如，流行于闽东的"卖身不卖骨"婚姻行为，实质上是土地所有权在典卖婚中的一种体现形式，它将妻子的所有权分层为"骨"与"身"两部分，类似于以土地所有权的"田骨"与"田面"权的形态，"各自进入市场进行交易"[1]，这种买卖形态极像学者所说的"一田二主"现象。这种类似不动产买卖，被民间熟知的典卖婚姻行为，建立在闽东乡村夫妻合葬或并排而葬的风俗上，"公婆原无分葬，只统书葬于某处，以夫妻生同室，死同穴也，有夫妻分葬于上下代同坟者，必明注之，使子孙所知归也"[2]，很容易被乡村社会所接受。

光绪十一年（1885年）十一月二十二日，霞浦县柘荣

1　龙登高：《典与清代地权交易体系》，《中国社会科学》2013年第5期，第125–141页。
2　《何氏族谱》，民国七年修，周宁县咸村镇芹村宗亲会提供。

地区畲族人蓝春旺所立婚书显示，蓝春盛在世时，由于自身有病，"苦楚难当，三餐难度，不能俸养儿子"，将妻子以"钱五十千文正"典与吴文才，蓝春盛病故后，其兄春旺"将弟媳钟氏托媒，向吴宅文才亲边再立婚书一纸，配吴边百年夫妇"，但声言"钟氏日后，百年归后，亦归蓝边配葬，吴边不得异言等情"[1]。婚书的内容显示蓝家出卖弟媳的是使用权，而非最终所有权，被典卖妇女的所有权，类似于土地交易中的田底权，仍然归蓝家所有。"卖身不卖骨"的卖妻方式民国年间在闽东得到延续，比如，表 5-5 序 9，柘荣县黄柏乡南山村游氏家族保留的婚书显示，民国八年（1919 年），阮氏秀滋因夫死，无力扶养三男一女，立婚书将自己卖与柘荣县黄柏乡南山村游氏为妻，婚书中有"倘氏辞世之日，望吾子领回骸首，葬归先夫同穴"记载；再如，表 5-5 序 14，民国二十七年六月，屏南县魏门吴氏鸾使立典婚书，将杨萨熊招赘至家中成婚，但言明"吴氏百年，骨肉两姓兄弟公共若（拥）有"，原夫家魏氏仍然拥有吴氏百年后的骨肉；又如，表 5-5 序 19，民国三十八年，屏南县熊惠友将侄媳彭常月嫁与屏南县山头

1　福建省少数民族古籍丛书编委会主编：《福建省少数民族古籍丛书·畲族卷·文书契约》（上），海风出版社 2012 年版，第 102–103 页。但书中在录入与标点过程中，存在较多的错误，本文所引，笔者依据柘荣县博物馆游再生提供原件重新句读。

村的叶家庇为妻，也在婚书中说明"遗骸百年后熊叶两家公共"。

相比于典、租（赁）、雇妻，"佃妻"更能看出典雇妻行为与土地买卖过程的参照性。闽东的租赁婚有一个比较突出的现象是租赁的时限比较长，如表5-5序2、5、6、16等婚书，租赁妻的年限都超过十年。因为出租妻子的时间较长，承租者拥有类似于土地租佃关系中的"永佃"权。明清时期的土地租赁中的"永佃"权，内涵有两点，一是土地所有权不变。二是拥有较长时限的田面使用权。很明显，闽东长时间的租赁妻婚借用了"永佃"的概念，所以在签署租典妻婚书中，使用了"佃"的概念，或在签署婚契中直接使用"立佃书"之称谓。请看表5-5序2，寿宁县芹洋村黄氏家族保留的"光绪十年（1884年）六月初八吴德徐立佃妻书"：

> 立佃书吴德徐。娶妻曾氏莲菊，年三十四岁，六子。子多年分不顺，家清寒，日食难度，甘心情愿无奈将妻送佃与黄宅高良为妻。三面言议，作礼金银四十一完（圆）正，未少分厘。面约十二年，分（婚）内生有男女于黄边带回，吴边不得异言。螽斯衍庆，麟趾呈祥。外人论语，吴边自能抵当，不累黄边之事。

面约递年妻良（粮）食谷五担大秤正，不得少短。如或妻父子之仪（议）在内，两家先行言定，各无反悔。恐口难见，立佃书为照。（契尾略）[1]

契约用"佃"而不用"典"，其原因之一是"典"具有赎期，期至，出典方向承典方归还原价质金，取回不动产契约。而清末民初福建省的"典妻"行为，"期限满了之后妻即可回家，原夫并不需要向后夫归还典价银"[2]，因为出典方之妻在典期内，以性交易和在典主家庭长时间的劳动付出为条件置换了必须归还的质金，为了与需要归还赎金的"典"契产生区别，在签署契约时明确为"佃"。第二个原因是"佃"与租（赁）产生区别。"佃"具有时间的长久性及由此产生的较为复杂的收益，而"租赁"则是物品的单纯出租，其收益是简单的租金结算。吴德徐在没有出卖妻子的前提下，将34岁的妻子曾莲菊以"十二年"的时间"佃"给黄高良，以妻子的性付出和家务等酬劳作为支付条件。期满后，吴德徐无须向黄高良交纳赎金即可将妻领回。

1 周正庆、郑勇主编：《闽东家族文书》第二辑《寿宁卷》，"寿宁芹洋村黄氏家族"文书，广西师范大学出版社 2021 年版，第 448 页。
2 ［日］岸本美绪：《妻可卖否？明清时代的卖妻、典妻习俗》，陈秋坤、洪丽完主编：《契约文书与社会生活（1600–1900）》，"中研院"台史所筹备处 2001 年版，第 231 页。

黄高良给予吴德徐的租金由两部分组成，一部分是一次性租金即"礼金银四十一完（圆）正"，这部分的收益正如福建其他地方一样归于"典妻"或"租赁妻"属性，必须一次性付清。另一部分是佃妻产生的利润。"出佃"的妇女曾莲菊犹如被耕佃的"土地"，会产生收益。收益一部分由"地主"吴德徐以"妻粮""食谷五担大秤正"的形式递年向黄高良收取，作为吴德徐租金的另一部分，保证吴德徐在出租妻子期间的生活所需。"佃妻"的另一部分收益，由"佃户"黄高良获得"十二年"妻子使用权，及十二年内所生男女的所有权。婚书的签订完全借鉴土地买卖契约，是买卖双方协商平衡，各取所需的"满意"结果，所以婚书上书有"双喜"祝语字样。

典卖婚借用"契约"精神，更好地保护了买卖双方的利益，也容易被乡村社会所接受，不容易产生因典雇而带来的经济纠纷。即使是童养媳，双方也以契约的形式界定了各自的权利与义务，周宁县硋窑村连氏家族保存家族文书中的"民国十九年（1930年）十二月刘建照立约小女字"，即反映了这种情况：

> 立约小女字人刘建照，取（娶）妻连起莹，弟媳
> 吴氏生有一男一女两个。面订一女，养大随后听凭连

家匹配，且刘家不敢异言阻霸之理，两家先言后定，合款有凭，亲立约定一纸。

立约小女字人：刘建照（押）

冰亲、见人：宋奶应（押）

代笔人：连对兴（押）

民国十九年十二月吉日[1]

正如学者的研究成果所显示的一样，清末民初乡村社会在土地、房屋、山林田产的买卖流转过程中，已经形成了成熟的社会契约秩序，婚书的签订形式与民间有关房、地等不动产交易，家产分割所立的契约文书相似，闽东典卖婚的婚书与全国其他方一样，以妇女作为"财产权利的客体"[2]而存在，被男性当作不动产进行让渡[3]，可见，婚契"与民间有关房地等不动产交易、家产分割以及各种卖身契所立的契约文书更为接近"[4]，是一种以"契约"为核心的

1 周正庆、郑勇主编：《闽东家族文书》第二辑《周宁卷》，"周宁县泗桥乡硋窑村连步兴家族"文书，广西师范大学出版社 2021 年版，第 481 页。

2 付春扬：《财产权利的客体——清代妇女婚姻地位的实例考析》，《华中科技大学学报（社会科学版）》2007 年第 6 期，第 38-42 页。

3 冯尔康：《去古人的庭院散步：古代社会生活图记》，中华书局 2005 年版，第 21 页。

4 郭松义、定宜庄：《清代民间婚书研究》，人民出版社 2005 年版，第 111 页。

"社会契约秩序"[1]。

在典卖婚中，如果租赁的年限未到，出典方虽然愿意提前赎回被典卖的妻子，但碍于婚契所限，只能等年限满足后，或对承典方进行赔付的情况下才能领回妻子，清末屏南县一则婚书有记载：

> 立据字胡维斋。前因年途不利、病耗相侵，无奈将妻江氏典限与南阳村黄邦全为室，议定十年。生下一子，名唤冠田，年方四岁。不幸后夫半途而切（去），不胜惨恻。缘因中年失散，难割之情时刻悲伤。度斋门前经过，遇景生情，意欲收回，曾（怎）奈家贫，未足年限。央托公、亲劝谕邦太，（借）助给足龙番三十六员（元）正，以为江氏粮食之资，其银是斋同胡家、公亲收讫。自江氏带回以后，复不敢妄生枝节，以及生弊挪借等情。两允无悔，今欲有凭，托立据字乙纸为照。
>
> 　　　　内注有借字乙字，再照（押）
> 　　宣统三年五月 日 立据字：胡维斋（押）

1 ［日］寺田浩明：《明清时期法秩序中"约"的性质》，［日］滋贺秀三、寺田浩明、岸本美绪、夫马进著；王亚新、梁治平编；王亚新、范愉、陈少峰译：《明清时期的民事审判与民间契约》，法律出版社1998年版，第140页。

在场、中见：朝模 两信、发福

公人：黄文墙（押） 屏邑保正胡明顺（押）

代笔：黄春从（押）

其怀中倘有未出生男女，俱是胡家传宗再照（押）

其婚书是斋随带胡家，再照[1]

　　尽管上则文书的表达，按字面解释，存在文理不通的毛病，但这也是民间文书的通病，我们不必太纠缠于其文理的表达。文书中也存在让人费解之处，比如文中的"邦太"与黄邦全是什么关系？指哪些人？我们不得而知，但大概意思可以推测。立字据人胡维斋将妻子"典限与南阳村黄邦全"，10年为期，有一天，胡氏路过黄氏门前，得知其出典妻后夫黄邦全已死，典妻在后夫家生有一子，4岁，尚有身孕，生活十分凄惨，于是，胡氏产生了将妻子赎回的念头。无奈年限未到，在年限未到情况下，经过与黄氏族人协商，赔偿黄氏家族36元，在公人，也是黄氏族人黄文墙，自己方族人，也是保正胡明顺，以及在场、中见亲朋友邻朝模、两信、发福等亲朋友邻参与的情况下，签字画押，将典妻江氏领回。从这张字契中，我们可以推知字据之前的婚契，对于典卖婚中典主与银主权利的

1　原件收藏于周宁县博物馆。

掣肘。

二、"风俗日偷"之典妻与"人情练达"的奉行

典卖婚作为官府不认可的非法婚，为什么能够在社会通行？民间经济契约被套用而进入具有道德领域的婚姻体系，除了通过婚书给典卖婚披上"合法""合礼"的外衣，还做了哪些改造迎合社会的需求？在回答这些问题前，我们先了解一下典卖婚出现的原因。

对于承典妻女者的人员构成，承典妻女的目的，民国初年的调查报告作了概括："在受典者则目的有二。一为自己未婚无力聘妻，则典他人妻为暂时之计。二因自己有妻无子，另典他人之妻，为生子延嗣计，或同期内而典二个以上之妻亦极有之，是项习惯在上中等社会亦有行之者。"[1]可见，典卖妻大概分为延嗣与享乐两种需求，下层社会以延嗣为主，上层社会则以享乐为要。在闽东，表5-5所示，典卖妻女者，大多如冯梦龙所说度日艰难之"小户"[2]，

1 前南京国民政府司法行政部编，胡旭晟等点校：《民事习惯调查报告录》，中国政法大学出版社2000年版，第913页。
2 冯梦龙，陈煜奎点校：《寿宁待志》卷上《风俗》，福建人民出版社1983年版，第52页。

更多来自民间，贫困之家延嗣之举[1]，因而典卖妻被乡村社会普遍接受。

虽然乡村上层社会的缙绅，甚至地方官员私下蓄妾享乐，但毕竟不能将之堂而皇之端上台面，因为法律对于典卖妻女有明文的禁止规定："本夫将妻妾典雇与人为妻妾，己则无耻，而驱之失节，实败伦伤化之甚者"[2]，典卖妻女被视作下贱之事。民间在典卖妻女后，只是"典妻进门，以薄酒谢媒，不举行仪式"[3]，更不会大张旗鼓地举行婚礼，毕竟这些行为不甚光明正大，被官方称为"风俗日偷"之事。

由此，我们可以看出，一方面，上、下等阶层的人员都存在着典卖妻女的行为，社会存在着巨大需求。但另一方面，囿于政府的法典与社会治安、伦理宣传的需要，典卖妻女行为又必须被抑制。所以政府官员在对待典卖妻女现象时，必须把握"无人控告"的尺度，才能避免"（官

1　学者对于福建典卖婚研究成果颇丰，参见卢增荣：《清代福建契约文书中的女性交易》，《东南学术》2000年第3期；汪毅夫：《性别压迫："典卖其妻""买女赘婿"和"命长媳转偶"——闽、台两地的部分证言、证物和案例》，《福建论坛（人文社会科学版）》2007年第6期；徐晓望：《从溺婴习俗看福建历史上的人口自然构成问题》，《福建论坛（经济社会版）》2003年第3期等文章。

2　（清）沈之奇撰，李俊、怀效锋点校：《大清律辑注》卷6《户律·婚姻》，"典雇妻女"条律后注，法律出版社2000年版，第256页。

3　浙江民俗学会：《浙江风俗简志》，浙江人民出版社1986年版，第156页。

长的）挨户稽查”[1]，保住自己的乌纱。而民间典卖婚姻时，也要平衡诸方的情感承受，把握"人"的感情承受底线。既要维持买者的权利，又要兼顾卖者的情绪，更要考虑被典卖妇女的心理感受。任何一方出现激烈的反抗都会使婚姻产生纷扰，导致官府的介入，最终使典卖婚流产。以闽东婚书为例，我们发现传统社会中典卖妻婚书充分反映了官、民之间的这种情愫。

（一）兼顾度日需要与妇女情感需求。在闽东文书中，存在着大量的土地、房屋、山林等不动产买卖的找贴契约，同样是买卖，却极少发现典卖婚的找贴婚契。虽然大多数妇女的买卖是被迫与无奈，但在生存受到威胁的困境下，妇女对于被典卖并不会产生强烈的反抗，如表5-5序4，被租赁妇女雷青兰在落款中有"愿书"字样，当然"愿书"字样并不能说明就是妇女的本意，但起码在度日需要与生存之间的选择中，大多数妇女尽管不愿意，仍然选择了前者。

在典卖的过程中，承典方也会考虑妇女的情绪，尽量作出让步。如果被典卖妇女育有幼儿，承典方同意被典卖

---

1 ［日］岸本美绪：《妻可卖否？明清时代的卖妻、典妻习俗》，陈秋坤、洪丽完主编：《契约文书与社会生活（1600–1900）》，"中研院"台史所筹备处2001年版，第249页。

妇女携子随"嫁"，成年后"转回接代宗枝"的承诺。光绪十一年十一月二十二日柘荣县蓝春旺所立之婚书，即准许钟氏"随带一子"到吴家养育至十六岁，再"回转蓝门成家立业"。又如寿宁县硋窑村的夏某某卖妻契中也有允许"三岁幼童""随母连家内养"，至"幼童十五岁满足，仍归到夏家承节宗基"的记载。

一定程度上兼顾到被典卖妇女的家庭地位，也是承典方安抚妇女情绪的另一个重要方法。宗族修谱，对于妇女在家庭地位上的书写作了严格的规定，"配室有正有续，有嫡有妾，其本位正聘曰配，续曰继室，嫡曰正室，侧曰侧室，明婚姻之正先后之尊卑之序"[1]。由于正室的地位高于侧室，典卖婚书的签订，往往明确了妇女被典卖到新家庭后，具有"正室""房妻"的地位，如表5-5序5，光绪年间屏南县杨郑全、柳凤姐因"夫妻反目"，妻子被典卖给屏南县大王林周佳山村胡禄到为妻，婚书中说明作为被出典的柳氏，在后夫胡家的家庭地位为"正室"。

"卖身不卖骨"的卖妻方式得以流行，一方面由于闽东是全国畲族聚居地最集中的地区，"全国畲族一半以上

---

1 桂英、作魁监修：1982年后重修，民国八年《玉塘夏氏宗谱》"凡例"，福鼎市玉塘村宗亲会提供。

在福建，福建畲族一半以上在宁德地区"[1]，受到少数民族妇女性观念较为开放的影响，卖身的妇女享有较大的人身自由。另一方面，从权属角度看，"妻"的所属权始终存在于原夫家，所卖之妻并没有真正"绝卖"，在理论上确定了被典卖妻子与买卖两家的所有权与使用权之间的关系，故被典卖的妇女得以与原夫家有关联，可以"游走于两姓之间"而不被乡村社会所诟病。较为自由来往于两家的被典妇女，既维系了与原夫家的感情联系，也平衡了买卖双方家庭利益与情感关系。如表5-5序7，光绪三十三年十二月屏南县张开美所立婚书反映了这种情况。因"（饥）荒年岁，难以度日，养妻不起"，张开美将"年登二十九岁"的妻周氏阿姐"配与二十六都包地村蓝团生以为妻"，但妻子周氏出卖后仍可"凭张、蓝两姓来往居住"，并且"如或向后周氏生下男女两姓公共"，妇女在两家中保留着较为自由的婚姻来往，一定程度上显示了女性的自由度。典卖婚对于妇女的心理安慰与实际关照，使被典卖婚妇女不至于产生激烈的反抗情绪。

（二）对弱势方的"人情"关怀。闽东的典妻者多为"度日艰难"之"小户"，有些被出典的妻子还十分年轻，

1　林校生：《"滨海畲族"：中国东南族群分布格局的一大变动》，《福州大学学报（哲学社会科学版）》2010年第5期，第5—12页。

未经生育，在超过漫长的 10 年典妻期限内，婚书的签署考虑到了出典方男家的"宗枝"问题，往往在典妻婚书中注明，承典期间妇女所产之子两家均分。如表 5–5 序 5 中，婚书声明"柳氏所生长子接代胡家宗枝，次子接代杨家宗枝"。如表 5–5 序 6，光绪三十二年腊月，古田县余豹岗村余求春的典妻婚书比较全面地反映了典卖婚中对相对弱势的典卖方、被典妇女的"关怀"之情：

立典婚书。古邑卅九都余豹岗余求春娶妻陈氏，年庚二十三岁。今因运途不利，衣食难度。自情愿将陈氏托媒说合，再配在本都上徐州村黄梦桓，以为正室。三面言议，得受聘金小洋一百六十角正，其银全媒亲交足讫，无少分厘。自配之后，任桓择吉良辰登入□（余）家，与陈氏同房花烛。面约年限十六年满足，限内生有男女接代黄家宗枝与余家无干。限内递年进粮食三百斤，付陈氏以为口粮。付改布一匹半，年节付斗米斤肉。其陈氏顺月之期，是黄家自己料理。仍约抚养小儿粮食，一岁进付五十斤，二岁进付一百斤，三岁进付一百五十斤，四岁进付二百斤，再上黄家自养，年限以满，陈氏复还余家以为祖妣，且桓带子回家。长发其祥，其共愿悦，个个喜欢。恐口无凭，

立典□□（应为"书""一"二字）纸付执为照。外仍
约生有男子三四五之，则小男让与余家宗枝，再照。

外面约，递年加粮食一百斤，再照。

光绪三十二年腊月 日

立典婚书：余求春（押）

冰人：余进丁（押）

依口代笔：余能富（押）[1]

这是一张有冰人媒妁，符合乡俗规范，具有招养夫婚
性质的典妻婚书。婚书明确了作为承典方的黄梦桓，拥有
被典妻陈氏 16 年的使用权，以及年限内"生有男女接代黄
家宗枝"的延嗣权。同时考虑到了出典方余求春的生活所
需，以给予被典妻陈氏口粮及小儿抚养粮的形式作了保证。
明确约定"生有男子三四五之，则小男让与余家宗枝"，也
照顾到了余求春的接代宗枝问题。上揭典妻婚书反映，作
为被卖妻子对原夫是有感情的，尽管在"运途不利，衣食
难度"情形下，妇女被典是无奈之举，但解决了生存困境，
被典妻子仍然是后夫家的"正室"，掌管一家老小的口粮支

---

1 周正庆、郑勇主编：《闽东家族文书》第一辑《古田卷》（下），"古田县
鹤塘镇南阳村彭、黄、雷氏家族"文书，广西师范大学出版社 2018 年版，
第 264 页。

配权，作为被典妇女方也是可以接受的。

（三）"出母之殇"与"情感"认同。典卖妻被民间在情感上的接受，并不是一蹴而就的，而是经历了犹豫、彷徨与最终认可的过程。福鼎玉塘村关于"嫁母"应否写入族谱的讨论，即反映了此种心路的历程。

1.宗族的认同。封建礼教规定，妇女必须从一而终，所以在官府参与修撰的地方志中辟有专门的"贞妇烈女"条加以表旌。从闽东民间保存的众多族谱中，我们也常常可以看到宗族对族人"谨闺门"的教化内容，"凡例"条中更是强调"矢志守节之妇必书，维风化也"[1]。传统社会中遵循儒教对妇女的种种束缚，对被典卖妇女造成了极大的精神压力，上文提到的阮秀滋在婚书中为自己解释："氏非不念先夫骨肉未寒、不顾身名，敢弃子从人哉？奈景势不及由人耳"，而后她又提出要求，"倘氏辞世之日，望吾子领回骸骨，葬归先夫同穴，氏之愿也"。[2] 由此，我们可以看出，乡村社会中的妇女并非没有贞洁观念，无奈被卖，情

1　《硋窑连氏宗族宗谱》，参见周正庆、郑勇主编：《闽东家族文书》第一辑《周宁卷》（上），"周宁县泗桥乡硋窑村连步兴家族"文书，广西师范大学出版社2018年版，第348页。

2　周正庆、郑勇主编：《闽东家族文书》第一辑《柘荣卷》（上），"柘荣县黄柏乡南山村游兴住家族"文书，广西师范大学出版社2018年版，第333页。

非得已，虽然不是自己的过错，也要声明百年之后要与前夫合葬，来弥补不能从一而终的缺憾，减少心理负罪感，以及有可能存在的、因被典卖而在生活中带来的舆论压力。

族谱对于被典而出的"嫁母"，有"书氏，不书姓"规定[1]。但是，在实际操作中，对于被典卖而出之妇女是否书写入族谱，民间十分纠结。由于被典卖妇女是在"衣食难度"之际，家庭危难之时以身换银，使一家人渡过了难关，在情理上受到同情与尊敬，不能视同违反妇道。因而，民间在撰写族谱过程中作了变通处理，将被典卖妇女姓氏、生卒等内容书于族谱，如下文所说的周宁县硋窑村连廷绳所买之妻缪氏，就被书于连家的族谱为后人所知。《玉塘村夏氏宗谱》载有清末庠生夏曰瑚所书"论出母文"，文中写道：

> ……夫岂无家范势不行矣，公之为礼之所不能禁，而人所衰也。由此观之，则母之出，阻于势，心虽疾之，亦何讳？为故礼，载三父八母之中，有曰出母嫁母。出母者，避父弃离也。嫁母者，父亡而改嫁

---

1 《骥公周宁支派族谱》，参见周正庆、郑勇主编：《闽东家族文书》第一辑《周宁卷》（上），"周宁县泗桥乡硋窑村连步兴家族"文书，广西师范大学出版社2018年版，第445-446页。

也。服皆降齐衰杖期，此二者，今昔有之。然以父而论，母也与庙绝。以子而论，子不敢以绝母。权两难之中，谱以书之，不悖于礼，重为父地也。欲更为出母地，或归外氏，或存或亡于后父家，有不得终老恭迨以归养。没则祀于别宫，设位望拜焉，亦可为孝子，何用以是介匕（注：通"妣"）不著之谱乎？若使出母不书，而先儒言孔门三出（妻）事孰从而知之？[1]

文中一方面强调"依礼母出与庙绝，削不书氏"，按"礼"不可以将"出母"留书族谱。但另一方面又说如果不书"出母"，则孝道不倡，所以夏氏宗族在修谱时，还是将"出母"写入了族谱，反映了民间对于"嫁母"写入族谱的犹豫与纠结。联系到表5–5中所列婚书，前夫往往将被典卖妇女骸骨接回，与之同穴（表5–5序9），"回转"成为出典方之"祖妣""祖婆"，或是买卖双方都认可被典的妇女为双方家族的祖妣，声言"遗骸百年后两家公共"（表5–5序14、19），说明无论是家人还是族人都同情被典卖妇女，在情感上没有真正与被典卖妇女绝亲。

2.乡村社会的"情感"接纳。清代乡村社会对于被典

1　周正庆、郑勇主编：《闽东家族文书》第二辑第八卷《福鼎家族文书》，广西师范大学出版社2021年版，161–162页。

卖妇女的观念，在咸丰初年，周宁县泗桥乡硋窑村连氏家族在签订买妻婚书时，参与的众人羞于言及自己，而隐去姓名，契约如此写道：

> 立婚书人夏○○，自身有内病，田土缺少，饥荒难度，奈因家贫，衣食无靠，年荒不顺。将妻缪氏托得媒人合配磅碇中村，与连廷绳为百年夫妻，生子传孙。三面议值礼金钱二十二千文正，笔下亲收，未少只文。其钱到家，养子分命，夏家生有次男三岁幼童，即备随母连家内养。仍约幼童十五岁满足，仍归到夏家承节宗基。今立婚书之日，任凭连家随手择日，亲迎过门成亲，育子传芳。夏○○甘心甘愿，夏、连两姓毋得异言。恐口难凭，亲立婚书附与连家为据，百世其昌，世代万年者。
>
> 冰人：○○（押）
>
> 咸丰三年九月吉日
>
> 立婚书人：夏○○（押）
>
> 在见人：○○（押）
>
> 代笔人：○○（押）[1]

1　周正庆、郑勇主编：《闽东家族文书》第一辑《周宁卷》（上），"周宁县泗桥乡硋窑村连洪法家族"文书，广西师范大学出版社2018年版，第86页。

据《硖窑连氏宗谱》（1984 年重修）记载，明正德年间，连氏家族九世祖德峰公由福安秦溪迁至硖窑村，历经十九世，传至连廷绳的父亲连昌玠。连昌玠生于乾隆壬寅年六月，生有（连廷）益、拱、雍、绳、超、珠六子，是"恩荣八品冠带"。连廷绳排行第四，"行谊七，字从安，生道光辛巳年三月十八巳时，娶缪氏凤珠，生道光癸未年（1823 年）。生子一正文。生女一正莲。公卒光绪癸巳年（1893 年）十月廿八日子时"。[1]虽然清末民国闽东民间修族谱时，对待从一而终与改醮的妇女，存在不同的书写方式。在修谱凡例中有载："妇人从一而终也，其一醮终身不二，则生卒有恣"，将从一而终的妇女书于族谱。对于改醮者，"但书配某氏，削其生卒"，或是"须于该氏名下注一出字，以示绝不为亲也"，或是将前谱有记载的，后谱作了删除，"旧谱于妇人改醮者，直书不讳，兹悉从略，且将旧谱已书者删去"[2]。连家留存的卖妻婚书签于"咸丰三年九月吉日"，

---

1 《硖窑连氏宗族宗谱》，参见周正庆、郑勇主编：《闽东家族文书》第一辑《周宁卷》（上），"周宁县泗桥乡硖窑村连步兴家族"文书，广西师范大学出版社 2018 年版，第 357 页。

2 族谱中对于改醮妇女书写的这种处理，普遍见于闽东，参见礼门乡大碑村《何姓宗谱》，民国廿八年重修；浦源镇萌源村《萧氏族谱》，光绪二十八年重修；玛坑乡杉洋村《詹氏族谱》"凡例"，道光年间修。上述族谱分别保存于该乡村宗亲会，由周宁县博物馆馆长郑勇拍摄提供。

当时连廷绳 32 岁，缪氏凤珠 30 岁。后因缪氏生有一子一女，得以正妻的身份，记载生卒年月于族谱，拥有相应的名分。儿子连正文也以连廷绳嗣子身份，父子相继用系谱红线串连书于族谱之上。可见，社会对于典买而来的妇女相对较为宽容，典妻所生之子享有继承权，被典卖的妇女也可书于被买入后夫族谱之上，典卖妻的行为得到典卖方与承典方、买妻方宗族的认可。这与岸本美绪的研究，买来的妻子即使生育子女，也不能有"贯彻三纲的伦理"名分之说相左。[1]

连昌玠于"咸丰八年五月初三日"立"念（阄）交书"，将财产分与益、拱、绳、超、珠五子，这一年连廷绳 37 岁，分得田产七块，受种 25 斗，房产一座。通过检索连氏家族文书，发现涉及连廷绳财产往来文书包括土地买卖契约、凭票、当契等，最早一张契约是同治六年十二月，时年 46 岁。最晚一张为光绪十九年六月，连廷绳卒于这一年的十月廿八日，时年 72 岁。连廷绳从事获利之业主要有三项：经营高利贷、批佃土地获取租利、进行土地兼并。他还广泛参与家族的山林保护，充当契约签订见证人等公

1　[日] 岸本美绪：《妻可卖否？ 明清时代的卖妻、典妻习俗》，陈秋坤、洪丽完主编：《契约文书与社会生活（1600–1900）》，"中研院"台史所筹备处 2001 年版，第 228 页。

共事务，在地方上享有一定的声望。[1]

　　一般情况下，民间文书中，有凡涉及婚姻、宗教事务、坟茔买卖三类文书均用红纸书写。夏○○所立卖妻婚书写于白纸之上，文中除买主连廷绳外，立契人、冰人、代笔人等参与卖妻行为人的姓名，由于卖妻的不光彩行为而被集体刻意隐去。可见，咸丰年间卖妻仍然是民间隐晦的行为，咸丰以后我们见到的各种典卖妻婚书，均没有隐去卖妻者与众多参与者姓名的现象。

　　作为沟通官府与民间的豪强与士绅，是近代以来基层社会秩序得以构建的主导力量，他们在社会上起着"辅官宣化"[2]的示范作用。作为乡绅的连廷绳以其不隐去的姓名进行买妻行为，与作为地方财力强者之黄高良承典妻子的践行[3]，无疑对乡村社会的婚俗起着极为重要的"宣教化"影响作用，成为乡村社会认可典卖婚的重要"典范"。

　　清末民国众多的典卖婚显示，民间在签署典卖婚时，通过"人情"的变通，将其原因饰写为符合"官法"之条

1　连氏宗族史料见《硵磹连氏宗族宗谱》，参见周正庆、郑勇主编：《闽东家族文书》第一辑《周宁卷》（上），"周宁县泗桥乡硵窑村连步兴家族"文书，广西师范大学出版社2018年版，第340-433页。

2　汪辉祖：《学治臆说》卷上《礼士》，商务印书馆1939年版，第12页。

3　综合黄氏家族文书可知，黄高良主要从事土地租赁、高利贷行业获利，参见周正庆、郑勇主编：《闽东家族文书》第二辑《寿宁卷》，"寿宁芹洋村黄氏家族"文书，广西师范大学出版社2021年版，第448页。

例，使其行为契合"礼婚"的形式。将非法婚姻，纳入官法与民情轨道，获得合法的形式。是集"礼""法""契"于一体的行为。这些结论，与郭松义、王跃生、岸本美绪、寺田浩明等学者的研究结论没有什么不同。但婚书和民间对于典卖婚的立场，反映了古代社会人们对于典卖婚存在着两个方面的情感反映。一是婚姻虽属典卖，但并非无情，不能等同于土地买卖，典卖来的婚姻带有更多的协调性，一般情况下，承典与买妻方在签署婚书时不会出现太多的被迫现象，只要保障其在婚姻中拥有对被典卖妇女的所有权或使用权，达到生子"延嗣计"，就不会引致矛盾的爆发。作为出典与卖妻的弱势方，只要能维持生计，保存一定的面子，也就认可了婚姻的存在。当然，如果能够保证被典卖妇女的家庭地位，情感与度日需要，能够在一定程度上关照到前、后夫的家庭所需，作为被典卖妇女不会激烈反抗。如上所述，闽东典卖婚婚书中有足够的证据说明，这些要求在宗族的许可，在乡村社会中财力强者的践行与支持下，民间通过"人情"的变通得到满足。通常，官府在判决典卖婚纠纷案时，会"体问风俗"，以防"怨及傍生"。[1] 面对乡俗与民情，在"民不告"的情况下，官自

1　汪辉祖：《佐治药言·须体俗情》，中华书局 1985 年版，第 15 页。

然不会行究之举。二是典卖婚能够得到社会的认可，建立在社会契约秩序与民俗之上。典卖婚比"礼婚"更看重的是"利"，婚姻行为更像是财产的交易，婚书的实质就是以"利"为核心，经过典卖双方磋商后形成的契约。典卖婚两方为了保证各自的利益，得到社会的认可，将婚书的形制建立在民间熟知的风俗习惯、以契约为核心的经济社会秩序之上，比如"一田二主"与"一女二夫"的相似，"田皮田骨权"与"卖身不卖骨"的对应，"长佃妻"借用"永佃权"的概念等，无不体现着典卖妻婚姻对经济秩序习惯法的借用。

滋贺秀三在谈到传统社会地方官处理乡村社会的经济纠纷时，曾说："明清地方官是在礼仪—法律的秩序上审理案件的，因此地方官于王朝的律例（法）之外，也同样重视人的感情（情），社会的秩序（理）。"[1] 显然典卖婚得以流行，也以官府对于典卖婚的绥靖，民间在典卖妇女时，更好地处理了婚姻中的"典卖"与"人情"的关系为前提。所以，我们在考察契约进入社会体系时，不仅应着眼于经

1　［日］滋贺秀三：《清代诉讼制度之民事法源的概括性考察——情、理、法》，［日］滋贺秀三、［日］寺田浩明、［日］岸本美绪、［日］夫马进著；王亚新·梁治平编；王亚新、范愉、陈少峰译：《明清时期的民事审判与民间契约》，法律出版社1998年版，第19–53页。

济上的契约秩序，也应关注到其在社会道德方面的影响与变通，这或许是契约对于社会影响多样性的反映，也是中国式契约精神的圆滑之处。

结语　从契约执行的自愿到精神思维的自觉

　　人们的日常生活所及，无非生老病死、婚丧嫁娶、柴米油盐等人间细故，古今中外，概莫能外，那些记载着人间喜怒哀乐、人情来往的文字便成为民间文书。所以，民间文书包含的面非常广泛，从土地买卖与租赁契约，到经济协议与社会治安文书，乃至婚丧嫁娶、阄分析产文约，民间日常生活文书均可罗列其中。

　　由于民间文书与人们生活息息相关，自然见之于中国最早的文字，即甲骨文。但直至宋代以前，由于土地国有，不能随便买卖，民间文书仍以生活类文书为多数，涉及经济方面者，也以官方与贵族主导的经济文档为主。宋代至清代摊丁入亩之前，虽然国家承认土地私有，但人们的身份却不自由，国家实行编户齐民，人口与土地捆绑，土地是乡村社会人们赖以生存的最重要生产与生活资产，在民间的自由交易量很少，随着经济活动的恢复，民间文书虽有所增多，但并不以契约文书为主。

乾隆中期以后，随着人身依附关系的松弛，人口迁移相对自由，又在土地产权多重分割状态下，对于小农来说，土地出卖后，仍可以通过出卖转佃、使用权回赎等手段，获得在原来土地上耕作的资格。失去土地所有权，并不等于失业，因而，土地买卖成为民间常态。又由于政府承认实际承佃人的纳税资格，而并非以之前的"户"为资格，围绕土地交易与典当而产生的所有权与使用权转移的契约大量产生，契约文书遂成民间文书的主流。乾隆中期以后，官、私方越来越看重契约作为财产的确权功能，"契约在司法审判过程当中是被当作非常重要的证据对待的"[1]，在乡村社会官府依契而判，但毕竟民间契约又属于私法，无法对其进行严格的管理和认真的分析，地方官吏在理讼过程中对契约的利用"既矛盾又无奈"[2]。所以民间将契约及与产权相关的文书进行打包收藏，出现了民间文书中以契约为核心，以产权为主线，旁及其他经济文书为特点的民

1　仲伟民、王正华：《契约文书对中国历史研究的重要意义——从契约文书看中国文化的统一性与多样性》，《史学月刊》2018 年第 5 期。

2　杜正贞：《近代山区社会的习惯、契约和权利：龙泉司法档案的社会史研究》，中华书局 2018 年版，第 279 页。

间文书群。这些因土地买卖而产生的契约文书，广义上除了占主体的契约文书，还有与之相关的各种带有承诺与需要践约的经济文据，并非仅指经济领域中产权、物权与债权转移中形成的、约定的文字记录。所以，契约文书是人们在各种经济社会交往及关系中形成的文字认定协议，是昭示信用，保证当事人权利和义务履行的私家档案与民间私法，其核心的精神是承诺与践约。契约对经济社会最大的影响是"民间契约秩序"的确立，而经济秩序是具有地域性、民间层次性与非正式性的，以产权为核心的变动运作规则[1]。但从契约的影响来看，不限于经济领域，而是涉及社会与家庭日常生活，社会治安秩序，等等。

契约由民间经济行为演变为一种产权与债务交换的准则，并从经济领域出发，影响到民间日常，以多种形式存在于民间的社会交往、经济往来、社会治理、婚姻道德行为之中。在民间，信守承诺并践行信言之人，被认为是诚实之人，得到社会的尊重，由契约而及精神与道德领域，逐渐构建起政治、经济、社会治安，乃至道德规范契约秩序，成为中国古代社会中人们精神信仰的一部分，由此形成中国古代契约精神。

---

1 杨国桢：《明清土地契约文书研究》，中国人民大学出版社 2009 年版，杨国桢《修订版序》，第 3 页。

顾名思义，契约精神其载体肯定为契约，古代中国的契约具有公开性、严肃性，极具仪式感。契约的拟订必须由中人发起，有在见人的监督，这些在见人、中人，甚至是代笔人，往往是房长、族长，或是具有官方身份背景的里人与公差，他们的参与，保证了契约的执行与有效性，因而，立契者很难反悔，即使是不完全的自愿，所以，中国古代契约具有信用与践约成分。当然这种信诺，并不是践约人发自内心的"诚"，而是在有条件下的选择。这种选择有基于政府威慑因素，政府依据契约对民间的经济纠纷进行管理与评判，违约受到法律上的惩戒。也有来自民间的压力，在乡村社会中，诚信是评判个人品德的重要标准，在熟人社会里人无信不立，诚信显得很重要，关乎其在乡村社会中的地位，甚至影响到儿女的婚嫁。

契约是民间文书的核心，不可避免地影响着人们的行动与思维，所以，契约精神由此推及社会其他领域的精神构建，逐渐成为由政府引导，乡村社会领袖牵引，民间遵循的一种社会准则。日本学者针对中国明清时代的契约提出了"首唱与唱和"[1]的结构方式，但这只是其中的一部分，

1　[日]寺田浩明：《明清时期法秩序中"约"的性质》，[日]滋贺秀三、
　[日]寺田浩明、[日]岸本美绪、[日]夫马进著；王亚新、梁治平编；
　王亚新、范愉、陈少峰译：《明清时期的民事审判与民间契约》，法律出版
　社1998年版，第174页。

中国契约结构远比学者研究的二元论更复杂。不可否认，中国古代契约精神有二元论的因素，但更多是民间自觉的行为，比如乡村社会留存下来的众多的约、合同、字据即是如此，民间产权的兑驳、经济的往来，并非由首唱引发，契约精神已经内化为乡村社会人民的自觉行为。

对于中国古代契约精神的理解，必须立足于古代中国乡村社会的语境下，在纵向考察中国古代契约的形成、发展与演变过程的基础上进行解读，不能脱离历史背景去空谈，中国古代契约精神的特质，肯定带有时代的烙印，与西方契约精神相比，有共通之处，也存在中国特色。

首先，中国古代契约精神"情""法"共兼。封建时代，国家教治奉行外儒内法，虽说契约显示了私法的一面，但避免不了实施过程中"仁"性的一面，体现出的就是圆滑与变通的人情特性。

其次，中国古代契约精神具有契约普世化特征。世人通常将中国古代契约与西方契约加以比较，诟病中国古代契约的不平等与不自由性。民间文书是中国古代向近现代转变过程中连续不断的民间文献，也是中国契约精神在民间的文本呈现。契约精神出现在古代，延续至近现代，其赖以播散的土壤并没有发生变化，对于中国古代契约精神的理解，不能完全照搬现代意义上的完全平等的契约内涵，也很难按照西方学者宣称的近代自由合意的行为进行理解。

在清代以前的中国社会，土地是农民赖以生存的生产工具，典卖土地是农民无奈之举，是"无处应用"条件下的一种无奈选择，所以契约的签订一开始就没有平等可言，土地的产权受到宗族与国法的干预，不具有完全的产权，所以土地的出卖必须兼顾政权与族权的利益，土地的买卖自然不可能自由，也不可能平等。然而，出卖土地是典卖者的一种应急之举，甚至是换取生命延续的手段，购买者并没有强迫典卖者，特别是清代中期以后，土地出卖者并不总是家贫乏用之人，而作为钱主的买者而言，在民间大多数也绝非豪强之辈，是买卖双方权衡利弊后的结果，从这个角度去看，契约的签订并非强迫，具有自愿与平等性。

反观西方，以卢梭为代表提倡的近代西方契约精神，兴起于17世纪前期，"依法成立的契约，在缔约的当事人之间有相当于法律的效力"，注释法学派据此认为"契约就是法律"，提出了契约自由原则。至18世纪初，西方自由契约精神开始输出，这个时期正是西方殖民扩张时期，殖民者内部需要团队协作，运行畅顺的内部机制，利用契约精神进行内部约束非常重要，当然，也注重个人的权益，但前提是尊重公意。卢梭对此描述道："为了使这项社会契约不致成为一纸空文，它就不言而喻地包含有这样一个约定，即只有它才能使其他约定具有效力；谁拒不服从公意，整个共同体就要强迫他服从公意，这就是说人们要迫使他自由，因为这是保证每个公民只依附于祖国而不依附其他人的条件。有了这个条件，才能使政治机器有力地运作起来；只有这个条件才能使社会约定成为合法的。没有这一条件，任何社会约定都将是荒谬的，暴政的，而且会遭到严重的滥用。"卢梭所说的"公意"即是集体利益。对外，西方殖民者为了消除来自殖民地的压力，大力宣称平等的契约原则。所以西方在近代宣扬的契约精神，实际上也是有前提条件的，正如卢梭所说，"人生而自由，却无往不在枷锁之中"[1]，其所说之枷锁即是契约，可见近代西方契约也具有不自由、不平等性。

近代西方之所以极力宣扬契约的自由与平等，是基于其商业体系扩张条件下的应时之举，契约精神是新兴资本主义向封建社会宣战的重要法宝，它们宣扬自由与民主，公平与正义，是基于原来封建社会不平等条件下的宣言，是突破封建桎梏思想的利器，也是西方走向世界他地条件下，作为初到者用以亲和殖民地民众的工具。两相对比，中西方的契约精神都存在着自愿的因素，尽管这种自愿是

1 〔法〕卢梭著：《社会契约论》第一卷，第七章《论主权者》，李平沤译，商务印书馆2011年版，第23页。

各自权衡利弊下选择的方式不同，但毕竟是殊途同归的结果。现代西方在近代契约精神基础上增加了人权的需求，更强调合意与平等，显得更为人性化，而用现代的西方理论去评判中国古代契约精神显然是不合适的。

中国古代有条件的自由与平等的契约精神，与古希腊时期提倡的契约中的个人利益受到集体利益的掣肘相通，就算是与近代卢梭主张的社会契约秩序也有共同之处，所谓契约精神下的自由与平等都是建立在有限度基础之上的，契约精神的这些特点都适合古代，乃至近代中、西方社会，因而具有普世价值。

最后，中国古代的契约精神具有浓厚的中庸思想。中国古代契约的签订充满着智慧与人情，给立契人与承契人留下了很多的商讨空间，表现出与西方世界不同的独特处理方式。

总之，中国古代契约精神源于生活，有着悠久的历史传统，在古代社会中表现出有限度的自由与平等精神，在国法框架下体现出包容与隐忍，诚信守仁的原则，中庸与协调的精神，这或许是我们回归到契约本身去看契约价值的精神所在，它有助于理解古代中国社会的复杂性，对于中华民族精神的理解也具有重要的启迪作用。

后　记

　　笔者最初接触到民间文书是受到业师冯尔康先生的引导，先生在教学中多次强调史料的收集除了正史、方志与档案资料之外，还要将目光扫向民间。受教的当时，心存疑惑，先生为什么用了一个"扫"字？时至今日，似有所感，莫非民间资料之零碎与隐蔽，竟深藏于民间生活场所的旮旯之处，需要进行"扫"才能集？当中寓意，笔者至今仍然不能参透，或许有些事不参透反而更好。但肯定的是，尘封的一盒又一盒闽东民间文书，真的是从民间旧屋旮旯之处所得，感恩先生点燃我对民间文书的热爱。

　　而真正对于民间文书感兴趣是源于杨国桢先生与郑振满先生的教导。记得在2002年的夏天，笔者在中山大学跟随陈春声教授、刘志伟教授做博士后，当时中山大学组织了一次从珠三角至粤西的考察，有十多天，因为知道杨国桢先生参加考察，突击阅读了杨先生名著《明清土地契约文书研究》，在考察中得到了杨先生的提点，本书中诸如"契约秩序""契约学"等概念由此获得，并引发思考，对于民间文书的热爱也由此增加。然而，甫一接触，难点颇多，幸好，考察途中，郑振满教授也在，其风趣幽默的解答，使我获益良多。白驹过隙，郑先生引领我们在雷州半岛读碑的场景历历在目，感谢中山大学求学的岁月，感恩中山大学、厦门大学师尊的指导，如果不是这段看似悠闲的日子，就没有以后对于民间文书的留心与收集了。

民间文书与契约精神关联之思考，始于2014年以来笔者在闽东进行民间文书的收集。2018年11月，在福建省周宁县召开的由暨南大学历史系与周宁县人民政府联合主办的"契约与诚信闽东"全国学术研讨会上，笔者就提出这个命题。所以当中国工人出版社编辑傅娉女士约我写这本小书时，由于不约而同的思路与前期的材料准备，我很痛快地答应了。我自信能一年内写出来，但是在写作的过程中，仍然充满着艰难，如果不是傅娉编辑的催促，真不能按时完成。

感恩常建华教授、张小也教授、黄忠鑫教授对本书的写作提供了许多宝贵而中肯的建议。感谢周宁县博物馆馆长郑勇、福安穆水文化研究会林志锋，他们为本书的写作提供了大量珍贵的民间文书材料。还要感谢帮我进行文字与注释校对的研究生李佳德、许海烽、陈若青、梁钰滢、巢伟滨、李若南。

最后，还要感谢我的妻子吴全红女士。妻子经常陪伴我与同学们外出考察，给同学们带好吃的，是同学们口中的好师母。

周正庆

2024 年 5 月于广州旺水斋

图书在版编目（CIP）数据

古代民间文书与契约精神 / 周正庆著. —北京：中国工人出版社，2024.5
（中国历史文化小丛书）
ISBN 978-7-5008-8380-7

Ⅰ.①古… Ⅱ.①周… Ⅲ.①契约－文书－研究－中国 Ⅳ.①D923.64

中国国家版本馆CIP数据核字（2024）第088062号

古代民间文书与契约精神

出 版 人	董 宽	
责 任 编 辑	傅 娉	
责 任 校 对	张 彦	
责 任 印 制	黄 丽	
出 版 发 行	中国工人出版社	
地　　　址	北京市东城区鼓楼外大街45号　邮编：100120	
网　　　址	http://www.wp-china.com	
电　　　话	（010）62005043（总编室）	
	（010）62005039（印制管理中心）	
	（010）62379038（社科文艺分社）	
发 行 热 线	（010）82029051　62383056	
经　　　销	各地书店	
印　　　刷	三河市万龙印装有限公司	
开　　　本	787毫米×1092毫米　1/32	
印　　　张	9.25	
字　　　数	155千字	
版　　　次	2024年7月第1版　2024年7月第1次印刷	
定　　　价	49.00元